山川
一問一答
倫理

倫理用語問題研究会 編

JN107631

山川出版社

世界各地で戦争が勃発し、国際社会は混迷を深めています。そして、日本は超高齢化社会を迎え、医療・福祉だけではなく経済成長の低迷などによって、生き方そのものも変化を強いられています。さらに、ChatGPT に代表される生成 AI の登場で、人間の創造性や判断力にも大きな影響を与えようとしています。いずれにせよ、こうした世界情勢や日本社会の変化がどうであれ、私たちはそのなかを生きて行かなければならないのです。

「倫理」という科目は、人間のあり方・生き方を、高校生がみずからに問いかけてくれることを願って設定された科目です。高校生は発達的には青年中期に属し、自分とは何ものなのか、人生とはどのようなものであり、生きることの意味はどこにあるのか、などといった多くの疑問に出会うときです。むろん、それについて明快に答えてくれる人などいません。自分のおかれた時代や社会や状況のなかで、みずからが探し出さなければならないのです。「倫理」という科目は、そうした高校生の人生の探究に少しでも手掛かりを与えようとする科目なのです。

本書は「倫理」の学習に必要な基本用語を確認し、整理するのに役立ててもらおうと編集されたものです。先人がその時代と社会のなかで格闘しながら求め続けた思想や理論は、その中心概念を正確に把握しなければ理解することはできません。その意味でも、本書で先人たちの中心概念を確認し、それを手がかりとして思想の核心にせまり、最終的には自分なりの答えを見つけ出してくれることを、編者としては願っています。

2023年11月

編者

本書の特長と使い方

　本書は、授業や教科書、『用語集』で学習した用語について、覚えているかを、一問一答形式でチェックする問題集です。チェック欄を活用して、身に付くまで繰り返し学習しましょう。また、わからなかった問題は、教科書や『用語集』も使って確認しましょう。

＊本書の目次構成は小社『倫理用語集』に準じています。

『用語集』のページ数
　節ごとに、小社『倫理用語集』の対応するページを記載しています。わからない用語の説明を、『用語集』で効率よく調べられます。

重要度
　"★"マークの数が、解答の用語の重要度を表しています。
　重要度は小社『倫理用語集』の頻度数に準拠したものです。
　問題数：約1,900
　重要度4以上の
　重要用語問題：約1,350

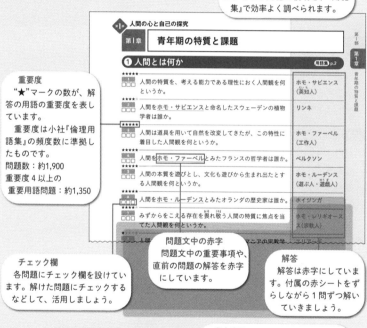

第1部　人間の心と自己の探究

第1章 青年期の特質と課題

❶ 人間とは何か 　　　　用語集 p.2

★★★★★ 1 □□□	人間の特質を、考える能力である理性におく人間観を何というか。	ホモ・サピエンス（英知人）
★★★★ 2 □□□	人間をホモ・サピエンスと命名したスウェーデンの植物学者は誰か。	リンネ
★★★★★ 3 □□□	人間は道具を用いて自然を改変してきたが、この特性に着目した人間観を何というか。	ホモ・ファーベル（工作人）
★★★★★ 4 □□□	人間をホモ・ファーベルとみたフランスの哲学者は誰か。	ベルクソン
★★★★★ 5 □□□	人間の本質を遊びとし、文化も遊びから生まれ出たとする人間観を何というか。	ホモ・ルーデンス（遊び人・遊戯人）
★★★★ 6 □□□	人間をホモ・ルーデンスとみたオランダの歴史家は誰か。	ホイジンガ
★★★★ 7 □□□	みずからをこえる存在を畏れ敬う人間の特質に焦点を当てた人間観を何というか。	ホモ・レリギオース（宗教人）

第1部　第1章　青年期の特質と課題

チェック欄
　各問題にチェック欄を設けています。解けた問題にチェックするなどして、活用しましょう。

問題文中の赤字
　問題文中の重要事項や、直前の問題の解答を赤字にしています。

解答
　解答は赤字にしています。付属の赤シートをずらしながら1問ずつ解いていきましょう。

巻末索引
　用語を探しやすいように、巻末に解答の用語の索引を掲載しています。

こんな使い方もできます。

● 本書を読みすすめるだけでなく、解答を紙に書いていくと、より一層の学習効果が期待できます。

● 問題文中の赤字も付属の赤シートで隠せるので、穴埋め問題としても活用できます。

第III部 人間と世界の探究 ——西洋近代思想

第IV部 現代の人間と社会 ——現代思想

青年期の特質と課題

❶ 人間とは何か

用語集 p.2

★★★★★
1 人間の特質を、考える能力である理性におく人間観を何というか。
→ ホモ・サピエンス（英知人）

★★★★☆
2 人間をホモ・サピエンスと命名したスウェーデンの植物学者は誰か。
→ リンネ

★★★★★
3 人間は道具を用いて自然を改変してきたが、この特性に着目した人間観を何というか。
→ ホモ・ファーベル（工作人）

★★★★★
4 人間をホモ・ファーベルとみたフランスの哲学者は誰か。
→ ベルクソン

★★★★★
5 人間の本質を遊びとし、文化も遊びから生まれ出たとする人間観を何というか。
→ ホモ・ルーデンス（遊ぶ人・遊戯人）

★★★★★
6 人間をホモ・ルーデンスとみたオランダの歴史家は誰か。
→ ホイジンガ

★★★★☆
7 みずからをこえる存在を畏れ敬う人間の特質に焦点を当てた人間観を何というか。
→ ホモ・レリギオースス（宗教人）

★☆☆☆☆
8 人間をホモ・レリギオーススとみたルーマニアの宗教学者は誰か。
→ エリアーデ

★★★★★
9 言語や文字などの象徴（シンボル）を操ることを人間の特質とみる人間観を何というか。
→ アニマル・シンボリクム（シンボルを操る動物）

★★★★★
10 人間をアニマル・シンボリクムとみたドイツの哲学者は誰か。
→ カッシーラー

★☆☆☆☆
11 経済的合理性を追求する点からとらえた人間観を何というか。
→ ホモ・エコノミクス（経済人）

❷ 青年期

用語集 p.3〜6

★★★★★
1 児童期から成人期に移行するまでの、12〜13歳頃から22〜23歳頃までの時期を、発達心理学では何というか。
→ 青年期

★☆☆☆☆ 2 □□□	青年期が終わる22〜30歳頃までの時期を何というか。	プレ成人期(前成人期)
★☆☆☆☆ 3 □□□	中世ヨーロッパでは、子どもは「小さな大人」とみなされていたと論じたフランスの歴史学者は誰か。	アリエス
★★☆☆☆ 4 □□□	生まれつきみられる身体的な男女の特徴を何というか。	第一次性徴
★★☆☆☆ 5 □□□	児童期の終わり頃に、男子では精通や声変わり、女子では月経や乳房の発達など、それぞれの性的特性が顕著(けんちょ)になることを何というか。	第二次性徴
★☆☆☆☆ 6 □□□	七五三や成人式あるいは結婚式や還暦(かんれき)など、新しい生活場面への移行期にあたる、人生の節目におこなわれる儀式のことを何というか。	通過儀礼(イニシエーション)
★★☆☆☆ 7 □□□	児童期と成人期のあいだにあって、そのいずれにも属さないために精神的に不安定な状況におかれている青年のことを何というか。	マージナル・マン(境界人・周辺人)
★★☆☆☆ 8 □□□	児童期と成人期とのはざまのなかで、そのいずれにも属さない青年は、心理的に不安定な状況におちいりやすいと指摘したドイツの心理学者は誰か。	レヴィン
★★★☆☆ 9 □□□	アイデンティティが確立するまでのあいだ、社会的責任の一部が猶予(ゆうよ)される期間を何というか。	モラトリアム
★★★★☆ 10 □□□	モラトリアムの期間に様々な役割や活動を試行錯誤しながら取り組むことを何というか。	役割実験
★★★☆☆ 11 □□□	経済的豊かさのなかでアイデンティティ確立のための努力を放棄(ほうき)し、大人になることを先延ばしにしようとする青年のことを、小此木啓吾(おこのぎけいご)は何と呼んだか。	モラトリアム人間
★★★☆☆ 12 □□□	意識活動としての自分のことを何というか。	自我
★★★★★ 13 □□□	他者を通してとらえられた自分のことを何というか。	自己
★★★☆☆ 14 □□□	現実の姿としての自分のことを何というか。	現実自己
★★★☆☆ 15 □□□	どうありたいかという自分の姿を何というか。	理想自己
★★☆☆☆ 16 □□□	自分を肯定的にとらえようとする感情を何というか。	自尊心(自尊感情)

★★☆☆☆ **17** □□□	人は劣等感(こくふく)を克服しようとすることで成長していくと説いた、オーストリアの心理学者は誰か。	アドラー
★★☆☆☆ **18** □□□	自我意識の活発化にともなって、自分の容姿・性格や生き方などを強く意識しはじめるようになることを何というか。	自我のめざめ
★★★☆☆ **19** □□□	<u>自我のめざめ</u>にともない、青年がそれまで依存していた親から精神的に自立していくことを何というか。	心理的離乳(りにゅう)
★★☆☆☆ **20** □□□	<u>心理的離乳</u>説を説いたアメリカの心理学者は誰か。	ホリングワース
★★★☆☆ **21** □□□	「われわれはいわば二度生まれる。一度目は生存するために、二度目は生きるために」という<u>ルソー</u>の言葉にみられるような、青年期における精神的な誕生のことを何というか。	第二の誕生
★★★★★ **22** □□□	子どもの教育は子ども自身の本性(ほんせい)(自然)に従っておこなわれるべきとの立場から、一人の孤児をモデルとして描かれたルソーの教育書は何か。	『エミール』
★★☆☆☆ **23** □□□	自我のめざめにともなって、一個の独立した人格を形成しつつある青年が、親や大人、社会的権威などに対立的姿勢をとる時期を何というか。	第二反抗期

❸ 自我の発達段階　　　　　　　　　　用語集 p.6〜9

★★★★☆ **1** □□□	誕生から青年期・成人期を経て死に至るまでの変化の過程を心理学では何というか。	発達
★★★★☆ **2** □□□	<u>発達段階</u>のそれぞれにおいて、達成しておかなければつぎの段階での適応に困難を生じるような課題を、アメリカの心理学者<u>ハヴィガースト</u>は何と呼んだか。	発達課題
★★★★★ **3** □□□	フロイトの精神分析学を発達心理学に応用し、青年期の<u>発達課題</u>はアイデンティティの確立にあると説いたアメリカの心理学者は誰か。	エリクソン
★★★★★ **4** □□□	過去・現在・未来を通して自分は自分であるという確信と、自分は集団から受け入れられ、そこで一定の役割と責任とを果たしているという自信に裏づけられた、自己	アイデンティティ (自我同一性)

の存在の確信のことを何というか。

★★★★☆ 5 ▢▢▢	主体的な面あるいは社会的な面において自分が自分であるという実感がもてない状態を何というか。	アイデンティティの危機(アイデンティティの拡散)
★★☆☆☆ 6 ▢▢▢	就職・結婚・出産・退職などの人生における大きなできごとを何というか。	ライフイベント
★★★☆☆ 7 ▢▢▢	各発達段階において、ほかの世代との交流を通して精神的成長を続ける、人間の一生のことを何というか。	ライフサイクル(人生周期)
★★★★☆ 8 ▢▢▢	みずからの経験をつぎの世代に伝えていこうとする壮年期の発達課題を何というか。	世代性(ジェネラティビティ)
★☆☆☆☆ 9 ▢▢▢	発達を生涯にわたる適応の過程ととらえたドイツの心理学者は誰か。	バルテス
★★★☆☆ 10 ▢▢▢	ほかの人が考えていることを推察する、幼児期に発達する認知機能を何というか。	心の理論
★★★★★ 11 ▢▢▢	幼児の思考は自己中心的であることを指摘したスイスの心理学者は誰か。	ピアジェ
★★★★☆ 12 ▢▢▢	幼児期にみられる、他者も自分と同じ視点からものをみていると考える特性を何というか。	自己中心性
★★★★★ 13 ▢▢▢	自己中心的な思考から抜け出し、他人の立場に立って公平に物事を考えられるようになる過程を、ピアジェは何と呼んだか。	脱中心化(脱自己中心性)
★★★★★ 14 ▢▢▢	ピアジェの理論にもとづき、<u>道徳性</u>の発達を<u>前慣習的水準</u>・<u>慣習的水準</u>・<u>脱慣習的水準</u>にわけて論じた、アメリカの心理学者は誰か。	コールバーグ

❹ 他者との関係　　　　　　　　　　　　用語集 p.10〜11

★★★★☆ 1 ▢▢▢	親や養育者などの他者との情動的な絆や、無条件の信頼関係のことを何というか。	愛着(アタッチメント)
★☆☆☆☆ 2 ▢▢▢	子どもと母親とのあいだには生物学的な結びつきがあり、それが子どもと母親との情緒的な関係を左右していると説いた、イギリスの精神医学者は誰か。	ボウルビィ

★★★★★
3
□□□

まったく対等の人間として、夢や希望を語りあえる友人
どうしのあいだにめばえる情愛を何というか。

友情

★★★★★
4
□□□

自己認識は他者の反応や評価という「鏡」を通して可能に
なると説いた、アメリカの社会学者は誰か。

クーリー

★★★★★
5
□□□

自我という概念は、他者との関わりのなかで形成される
と説いた、アメリカの心理学者・哲学者は誰か。

G. H. ミード

★★★★★
6
□□□

青年期の友情や恋愛が、相手との距離を縮めたいのに、
強い自我意識のためにたがいに傷つけあってしまう現象
を何というか。

やまあらしのジレン
マ

第2章　**自己探究の道**

❶ 欲求と成長　　　　　　　　　　　　　　　用語集 p.12〜14

★★★★★ **1** ☐☐☐	人間を行動にかりたてる内的な要因で、要求と同義語とされているものを何というか。	欲求
★★☆☆☆ **2** ☐☐☐	飢えや渇き、休息などの、本能的な欲求のことを何というか。	一次(生理)的欲求
★★☆☆☆ **3** ☐☐☐	承認されたい、集団に所属したい、目的を達成したいなど、社会生活のなかで生じる欲求を何というか。	二次(社会)的欲求
★★★☆☆ **4** ☐☐☐	人間や生物が欲求の充足を求めながら、まわりの環境に自分を適合させていこうとすることを何というか。	適応
★★☆☆☆ **5** ☐☐☐	欲求が満たされないために生じる精神的な緊張状態を何というか。	欲求不満(フラストレーション)
★★★★★ **6** ☐☐☐	『精神分析学入門』や『夢判断』などの著者で、精神分析学的手法によって神経症治療に貢献したオーストリアの精神科医は誰か。	フロイト
★★☆☆☆ **7** ☐☐☐	欲求不満からくる精神的緊張から自分を守ろうとしてとられる無意識の行動を何というか。	防衛機制
★★★★★ **8** ☐☐☐	不安や苦悩の原因となるものを、無意識のうちに押し込めてしまうことを何というか。	抑圧
★★☆☆☆ **9** ☐☐☐	不満の原因にもっともらしい理由をつけて、自己の正当化をはかることを何というか。	合理化
★★☆☆☆ **10** ☐☐☐	満たされない欲求をすでに満たしている人に自分を重ねあわせ、不満を解消することを何というか。	同一視
★★☆☆☆ **11** ☐☐☐	自分のなかの受け入れがたい感情の原因を相手のせいにして、不満の解消をはかろうとすることを何というか。	投射
★★☆☆☆ **12** ☐☐☐	本来の欲求が満たされない時、その欲求と反対の態度をとることを何というか。	反動形成
★★☆☆☆ **13** ☐☐☐	困難や苦しみに遭遇した時、問題解決のための努力をす	逃避

ることなく、それを回避することを何というか。

★★☆☆☆ 14	困難や悲しみに出あった時、幼い頃の言動に帰ることで精神の安定をはかろうとすることを何というか。	退行
★★☆☆☆ 15	満たされなかった欲求にかえて、それと類似のものを求めることで不満を解消しようとすることを何というか。	代償(補償)
★★☆☆☆ 16	満たされなかった本能的な欲求を、社会的に価値高く容認されやすいものにおきかえることで不満を解消しようとすることを何というか。	昇華
★★☆☆☆ 17	欲求を合理的な方法で満たし、欲求不満を解決することを何というか。	合理的解決
★★☆☆☆ 18	欲求を満たすための合理的な方法をとらず、衝動的・短絡的な行動をおこすことを何というか。	近道反応
★★★★☆ 19	人間は下位の欲求を実現することで上位の欲求へ向かうことができるとする<u>欲求階層論</u>を説いたアメリカの心理学者は誰か。	マズロー
★★★☆☆ 20	欲求階層論において、生理的欲求・安全欲求・愛情欲求・尊敬欲求をまとめて何というか。	欠乏欲求(基本的欲求)
★★★★☆ 21	欲求階層論の最上層は<u>成長欲求</u>に分類されるが、この位置におかれる欲求を何というか。	自己実現の欲求
★★★★☆ 22	2つ以上の欲求が同時に生じたときにおこる、精神的緊張を何というか。	葛藤(コンフリクト)
★★☆☆☆ 23	「〜したい」と「〜したい」という積極的な欲求が同時におきた時の葛藤の型を何というか。	接近—接近型
★★☆☆☆ 24	「〜したくない」と「〜したくない」という消極的な欲求が同時におきた時の葛藤の型を何というか。	回避—回避型
★★☆☆☆ 25	「〜したい」と「〜したくない」という積極的欲求と消極的欲求が同時におきた時の葛藤の型を何というか。	接近—回避型

❷ 生きることの意味／様々な価値観　　　　用語集 p.14〜16

★★☆☆☆ 1	人間性探究を生涯の課題とし、その解答を日々の営みと	神谷美恵子

ハンセン病患者への献身的なカウンセリングのなかで模索した日本の精神医学者は誰か。

★★★★☆
2
□□□
神谷美恵子が、人間に生きていることの喜びや意味を実感させてくれると考えたものは何か。 | 生きがい

★★☆☆☆
3
□□□
フロイトの精神分析学とアドラーの個人心理学を統合し、強制収容所での経験をふまえた実存的分析によって独自の理論を打ち立てたオーストリアの精神医学者は誰か。 | フランクル

★★★☆☆
4
□□□
フランクルが強制収容所で経験した、絶望的な状況のなかで人々に生きる気力を与えたと考えたものは何か。 | 生きる意味

★★☆☆☆
5
□□□
人間の性格を、求める価値の傾向によって理論型・経済型・審美型・社会型・権力型・宗教型の6つに分類したドイツの心理学者・教育学者は誰か。 | シュプランガー

③ パーソナリティ　　　　　　　　　　　　用語集 p.16〜18

★★★★★
1
□□□
1人の人間の知・情・意を含む全体的・統一的な特徴を何というか。 | パーソナリティ（人格・個性）

★☆☆☆☆
2
□□□
パーソナリティを構成する要素の1つで、個人のもつ意志的な行動様式の特徴を何というか。 | 性格

★★★★★
3
□□□
パーソナリティを「内向的・外向的」などのいくつかの類型にわけて理解しようとする方法を何というか。 | 類型論

★★☆☆☆
4
□□□
パーソナリティを体型や体格の違いによって類型化したドイツの精神医学者は誰か。 | クレッチマー

★★★★★
5
□□□
心のエネルギーが内に向かうか外に向かうかによって、パーソナリティの分類をおこなったスイスの精神医学者は誰か。 | ユング

★★★★★
6
□□□
心のエネルギーが内に向かうため、全般的に言動がひかえめになるような傾向性を何というか。 | 内向型

★★★★★
7
□□□
心のエネルギーが外に向かうため、全般的に言動が活発になるような傾向性を何というか。 | 外向型

★★★★★
8
□□□
「明朗である」「協調的だ」などのパーソナリティの傾向を特性とみなし、特性の組合せでパーソナリティを理解し | 特性論

ようとする方法を何というか。

★★★★★

9
□□□ パーソナリティを<u>外向性・神経症傾向・経験への開放性・調和性・誠実性</u>の五種類の因子によって説明しようとする説を何というか。

ビッグファイブ（5因子モデル）

★★★☆☆

10
□□□ 成熟した人格の特徴を6つにわけて説明したアメリカの心理学者は誰か。

オルポート

★☆☆☆☆

11
□□□ 成長過程のなかで、人が自分らしい特性を身につけていくことを何というか。

個性化

★☆☆☆☆

12
□□□ 個人が社会生活に必要な知識や慣習などを身につけていくことを何というか。

社会化

★★☆☆☆

13
□□□ 主著『<u>孤独な群衆</u>』のなかで、人間の社会的性格を何をみずからの行動原理とするかによって分類し、自律的でやわらかな個人主義を求めたアメリカの社会学者は誰か。

リースマン

★★☆☆☆

14
□□□ 安定した社会の人々は<u>伝統指向型</u>、変化の激しい時代の人々は<u>内部指向型</u>であるのに対して、みずからの行動基準を同時代の他者におこうとする現代人の社会的性格を<u>リースマン</u>は何と呼んだか。

他人指向型

第3章 | # 人間の心の働き

❶ 知覚

用語集 p.19〜20

★★★★☆
1
心理学では、外界の事物を知覚し、それが何であるかを判断し解釈する過程を何というか。 | 認知

★★☆☆☆
2
実際とは著しく異なって知覚する錯覚のうち、視覚における錯覚を何というか。 | 錯視

★★★☆☆
3
同じ線分に外向きと内向きの矢印をつけることで、長さが異なってみえる錯視を、ドイツの社会学者・心理学者の名をとって何というか。 | ミュラー=リヤー錯視

★★★☆☆
4
黒い背景のなかに白い壺(杯)を描くと、その壺の輪郭が人の顔を浮かび上がらせるという錯視を、デンマークの心理学者の名をとって何というか。 | ルビンの壺(ルビンの杯)

❷ 記憶／学習

用語集 p.20〜23

★★★★☆
1
ある情報をもとに、新たな情報を導き出すことを何というか。 | 推論

★★★★☆
2
目標に到達していない状況を、理想となる目標状態に変えようとする心の働きを心理学では何というか。 | 問題(課題)解決

★★☆☆☆
3
確かさが不明であっても、経験に即して直感的に判断する解決手段を何というか。 | ヒューリスティック

★★★☆☆
4
認識や思考に生じるかたより(ゆがみ)のことを何というか。 | バイアス

★★★★★
5
人や生き物に行動をおこさせることを何というか。 | 動機づけ(モチベーション)

★★★★★
6
動機づけのうち、ほかの欲求を満たすためのものを何というか。 | 外発的動機づけ

★★★★★
7
動機づけのうち、それ自体を満たすことを目的に行動をおこすことを何というか。 | 内発的動機づけ

★★★★★		
8 □□□	見聞きしたことを一時的に覚えていることを、心理学では何というか。	短期記憶
★★★★★		
9 □□□	半永久的に覚えていることを、心理学では何というか。	長期記憶

❸ 感情

用語集 p.23〜24

★★★★☆		
1 □□□	人間には怒り・嫌悪(けんお)・恐怖・喜び・悲しみ・驚きの6つの感情があると説いた、アメリカの心理学者は誰か。	エクマン
★★★★★		
2 □□□	<u>エクマン</u>の説いた6つの感情を総称して何というか。	基本感情(基本的感情・基本6感情)
★★☆☆☆		
3 □□□	「笑うから楽しい」というように、できごとによって身体に変化が生じ、それを意識することで感情が発生するという説を何というか。	末梢(まっしょう)起源説
★★☆☆☆		
4 □□□	<u>末梢起源説</u>は、アメリカの二人の心理学者の名から何というか。	ジェームズ・ランゲ説
★★☆☆☆		
5 □□□	「楽しいから笑う」というように、感情と身体の反応が同時におこるという説を何というか。	中枢(ちゅうすう)起源説
★★☆☆☆		
6 □□□	<u>中枢起源説</u>は、アメリカの二人の生理学者の名から何というか。	キャノン・バード説

第1章 哲学と宗教

① 哲学と思索

用語集 p.26〜32、46、50

★★★★★ 1 □□□	ギリシア語でフィロソフィア、すなわち「知を愛すること」といわれ、物事を根本的・統一的に探究しようとする学問を何というか。	哲学
★★★☆☆ 2 □□□	神や霊魂など、現実世界の現象の背後にあるものを探究しようとする学問を何というか。	形而上学
★★★☆☆ 3 □□□	存在することの意味や存在の成り立ちを考える哲学を何というか。	存在論
★★☆☆☆ 4 □□□	世界や現象をどのように認識しているのかを論じる哲学を何というか。	認識論
★★★★★ 5 □□□	観念や想像ではなく、現実に存在するもののことを何というか。	実在
★★★★★ 6 □□□	ほかの何ものにも依存せず、独立に存在し、永遠にかわらないもののことを何というか。	実体
★★★★★ 7 □□□	そのものがそのものである本来的な特質を何というか。	本質
★★★★☆ 8 □□□	個々の事物から共通する性格を抽出し、それらを総合してあらわされる言葉を何というか。	概念
★★★★★ 9 □□□	物質ではなく、理性や精神などを認識や存在の基本ととらえる思想を何というか。	観念論
★★☆☆☆ 10 □□□	世界の根源を物質と考え、精神的なものも物質が基本であると考える思想を何というか。	唯物論
★★★☆☆ 11 □□□	国家や社会にあるべき姿を設定する思想的立場を何というか。	理想主義(イデアリスム・アイデアリズム)
★★★★☆ 12 □□□	理想よりも現実を重視しようとする思想的立場を何というか。	現実主義

★★★★★ **1** □□□	神や仏など、人間をこえる存在への信仰の体系を何というか。	宗教
★★★☆☆ **2** □□□	仏教やキリスト教やイスラーム教などのように、民族の枠をこえた宗教を何というか。	世界宗教
★★☆☆☆ **3** □□□	ユダヤ教や神道などのように、ある特定の民族に信仰されている宗教を何というか。	民族宗教
★★★☆☆ **4** □□□	ユダヤ教やキリスト教やイスラーム教などのように、一人の神を信じる宗教を何というか。	一神教
★★☆☆☆ **5** □□□	ヒンドゥー教や神道などのように、多数の神々を信じる宗教を何というか。	多神教
★★★☆☆ **6** □□□	木や動物などの自然物に霊魂が宿っているとする信仰を何というか。	アニミズム
★★★★☆ **7** □□□	神や死者の霊魂を祀る宗教的な儀式を何というか。	祭祀
★★★★★ **8** □□□	神などの超自然的な存在が自己をあらわすことを何というか。	啓示
★★★☆☆ **9** □□□	超自然的な力を借りて、種々の現象をおこさせようとすることを何というか。	呪術
★★☆☆☆ **10** □□□	古代社会や未開社会などにおいて、禁止されている言動を何というか。	タブー(禁忌)

第2章 **ギリシアの思想**

❶ 古代ギリシアの文化と社会
用語集 p.35

★★★★★
1 □□□ 知あるいは真理を求めようとする人間固有の精神的営みを何というか。
→ フィロソフィア（愛知・哲学）

★★★★★
2 □□□ 周囲を城壁で囲われ、その中央に小高い丘アクロポリスと神殿をもつ古代ギリシア都市国家のことを何というか。
→ ポリス

★★★★☆
3 □□□ ギリシアの都市国家の構成要素の1つで、市場が立ったり、議論がおこなわれたりした広場を何というか。
→ アゴラ

★★★★☆
4 □□□ 奴隷労働によって自由人がもっていた閑暇のことをギリシア語で何というか。
→ スコレー

❷ 神話から自然哲学へ
用語集 p.36〜39、48

★★★★☆
1 □□□ 天地創造や神々や英雄について描かれた物語のことをギリシア語で何というか。
→ ミュトス

★★★★★
2 □□□ トロイア戦争に関する2つの叙事詩の作者で、古代ギリシアの代表的詩人は誰か。
→ ホメロス

★★★★★
3 □□□ トロイア戦争を、神々の意図と英雄アキレスの活躍として描いた、ギリシア最古の代表的叙事詩は何か。
→ 『イリアス』

★★★★★
4 □□□ トロイア戦争に勝利したギリシアの将軍が、故郷に帰り着くまでの冒険を描いた叙事詩は何か。
→ 『オデュッセイア』

★★★★★
5 □□□ 天地創造や神々の系譜をつづった『神統記』や、当時の農民の生活を詩につづった『仕事（労働）と日々』で知られるギリシアの詩人は誰か。
→ ヘシオドス

★★★★★
6 □□□ 自然の生成変化を神話的な解釈によらず、合理的に解明しようとした、古代ギリシアの学問を何というか。
→ 自然哲学

★★★★★
7 □□□ 言葉・理性・理法・論理といった意味をもつギリシア語で、哲学の基礎をなす概念を何というか。
→ ロゴス

★★★★★ 8 ☐☐☐	事物を冷静に観察し、その本質や客観的真理を探究しようとする、観想と訳される態度のことを何というか。	テオーリア(テオリア)
★★★★★ 9 ☐☐☐	自然哲学者たちが求めた、世界の根本原理あるいは始源のことをギリシア語で何というか。	アルケー
★☆☆☆☆ 10 ☐☐☐	ギリシアの植民都市ミレトスを中心とする、イオニア地方に生まれた自然哲学の一派を何というか。	ミレトス学派
★★★★★ 11 ☐☐☐	前7世紀頃、世界の根源を神話的解釈によらず経験的事実にもとづいて説明しようとした、「哲学の祖」と呼ばれる人物は誰か。	タレス
★★★☆☆ 12 ☐☐☐	世界を構成するアルケーを、「水」によって説明しようとしたタレスの言葉は何か。	「万物の根源は水である」
★★☆☆☆ 13 ☐☐☐	万物のアルケーを無限なるもの(ト・アペイロン)ととなえた哲学者は誰か。	アナクシマンドロス
★★☆☆☆ 14 ☐☐☐	万物のアルケーを空気と考えた哲学者は誰か。	アナクシメネス
★★★★★ 15 ☐☐☐	霊魂の不滅と輪廻転生を説き、魂の平安と音楽・数学の関係を考察した前6世紀頃の思想家・宗教家は誰か。	ピタゴラス(ピュタゴラス)
★★★★★ 16 ☐☐☐	万物はこのものとその比率からなると考えた、ピタゴラスのいうアルケーを何というか。	数
★★★★★ 17 ☐☐☐	この世界は永遠に生きる実体の冷と熱、湿と乾とによって生成変化すると論じた、前6世紀頃の孤高の哲学者は誰か。	ヘラクレイトス
★★★★★ 18 ☐☐☐	ヘラクレイトスが永遠に生きる実体あるいは根源と考えたものを何というか。	火
★★★★★ 19 ☐☐☐	この世のすべては変化してとどまることはないとする、ヘラクレイトスの思想を示す言葉は何か。	「万物は流転する」
★★★★★ 20 ☐☐☐	世界は、土・水・火・空気の4つのアルケーが結合と分離をくりかえすことで変化していると考えた、前5世紀頃の哲学者は誰か。	エンペドクレス
★★★★★ 21 ☐☐☐	「有るものはあり、有らぬものはあらぬ」と語って、真に存在するものは生成したり消滅したりしないとして変化	パルメニデス

や運動を否定した、前6世紀頃の哲学者は誰か。

★★★★★
| 22 ☐☐☐ | パルメニデスやゼノンに代表される学派を何というか。 | エレア学派 |

★★★★★
| 23 ☐☐☐ | 万物は絶えず運動を続けるこれ以上分割不可能なアトム（原子）からなると考えた、前4世紀頃の哲学者は誰か。 | デモクリトス |

★★☆☆☆
| 24 ☐☐☐ | デモクリトスやレウキッポスが説いた、原子が空虚(くうきょ)(ケノン)のあいだを運動し続けることによって現象を説明しようとする思想を何というか。 | 原子論 |

❸ ソフィスト

用語集 p.37、40

★★★★★
| 1 ☐☐☐ | 自然とは違って必然性はもたないとされた、人為的(じんい)なものをギリシア語で何というか。 | ノモス |

★★★★★
| 2 ☐☐☐ | 人為的なものとは異なり、必然性をもつとされた自然を意味するギリシア語を何というか。 | ピュシス |

★★★★★
| 3 ☐☐☐ | ペルシア戦争後のアテネを中心に、市民的徳と政治的教養を教授して金銭を受け取っていた教師集団で、「知恵のある人」という意味をもつ人々を何というか。 | ソフィスト |

★★★★★
| 4 ☐☐☐ | ソフィストが政治的教養として教授科目の中心においた、人々を説得するための技術を何というか。 | 弁論術(レトリケー) |

★★★☆☆
| 5 ☐☐☐ | アテネが衆愚化(しゅうぐか)していく契機となった、論理をあやつり故意(こい)に相手を虚偽(きょぎ)に導く弁論を何というか。 | 詭弁(きべん) |

★★★★★
| 6 ☐☐☐ | アテネを中心に活躍した人物で、「人間尺度論(しゃくどろん)」で知られるソフィストは誰か。 | プロタゴラス |

★★★★★
| 7 ☐☐☐ | 各人がそれぞれに感じたり思ったりしたことは、それぞれに正しいということを意味する、プロタゴラスの言葉は何か。 | 「人間は万物の尺度である」 |

★★★★★
| 8 ☐☐☐ | 各人の判断や認識は各人によって異なり、絶対的な真理はないという、プロタゴラスに代表される思想的立場を何というか。 | 相対主義 |

★★★★★
| 9 ☐☐☐ | 弁論や修辞学にすぐれ、プロタゴラスと並ぶソフィストとして知られた人物は誰か。 | ゴルギアス |

★★★★★ **1** ☐☐☐	古代アテネの街頭に立って、魂の世話と無知の自覚を説き、のちの人々から「人類の教師」と呼ばれた、前5世紀頃の哲学者は誰か。	ソクラテス
★★★★☆ **2** ☐☐☐	ギリシア北方デルフォイにあるアポロン神殿の巫女がくだす託宣で、「ソクラテス以上の知者はいない」というお告げを出したことで知られる神託を何というか。	デルフォイの神託
★★★★★ **3** ☐☐☐	問い手と答え手とが、相互に承認した前提から短い問いと答えを積み重ねながらおこなわれる、ソクラテスの真理探究の方法を何というか。	問答法(ディアレクティケー)
★★★★★ **4** ☐☐☐	問答法は、答え手の魂のなかにある真理という子どもが生まれるのを助ける術という意味で何というか。	助産術(産婆術)
★★★★★ **5** ☐☐☐	人間にとってもっとも大切な事柄について、自分は何も知らないのだという自覚のことで、ソクラテスが愛知(哲学)の出発点とした知を何というか。	無知の知(無知の自覚・不知の自覚)
★★★★☆ **6** ☐☐☐	ソクラテスが無知の知をうながす言葉として理解した、デルフォイの神殿の柱に銘記された言葉は何か。	「汝自身を知れ」
★★★★★ **7** ☐☐☐	本来はそのものの卓越性のことであり、勇気や正義や節制などの魂にそなわるすぐれた性質のことを何というか。	徳(アレテー)
★★★★☆ **8** ☐☐☐	古代のギリシア人が理想とした、魂の善さと美しさが調和した状態のことを何というか。	善美の事柄(カロカガティア)
★★★★★ **9** ☐☐☐	人間にとって大切なことは、ただたんに生きることではないということを、ソクラテスは何と呼んだか。	善く生きること
★★★★★ **10** ☐☐☐	生き物の生命原理であり、人間の知・情・意の働きの中心となっている魂のことをギリシア語で何というか。	プシュケー
★★★★★ **11** ☐☐☐	金銭や名誉に気をつかうのではなく、心がいかに善くあるかということにこそ心を配るべきだという、ソクラテスの説く生き方を何というか。	魂への配慮
★★★☆☆ **12** ☐☐☐	徳とは何であるかを知ることなく善く生きることはできないという、ソクラテスの考えを何というか。	知徳合一

★★★☆☆ **13** □□□	有徳な行為というのは、徳とは何なのかを知ってはじめて可能になるという思想を何というか。	知行合一
★★★★☆ **14** □□□	徳を備えた者こそが、真の意味で幸福な者であるという思想を何というか。	福徳一致
★★★★★ **15** □□□	国家の神々を信じず、青年を堕落させているという告発を受けたソクラテスが、みずからの信念と愛知の活動を述べる場面を描いたプラトンの対話篇は何か。	『ソクラテスの弁明』
★★★☆☆ **16** □□□	死刑判決を受けたソクラテスに脱獄を勧めにきた親友に対して、不正に不正をもって報いてはならないと語るソクラテスの姿を描いたプラトンの作品は何か。	『クリトン』

❺ プラトン

用語集 p.44～47

★★★★★ **1** □□□	ソクラテスの影響を受け、その思想を継承して独自の理論を展開するとともに、学園を創設して後進の育成にも尽力した前4世紀頃の思想家は誰か。	プラトン
★★★★★ **2** □□□	ソクラテスと仲間が恋の神(エロース)について議論する場面を描いたプラトンの作品は何か。	『饗宴』
★★★★☆ **3** □□□	死刑直前のソクラテスが、仲間たちと魂の不滅について語りあう場面を描いたプラトンの作品は何か。	『パイドン』
★★★★☆ **4** □□□	魂の三分説や哲人政治など、理想国家について書かれたプラトンの作品は何か。	『国家』
★★★★★ **5** □□□	前4世紀頃、アテネ郊外に建てられたプラトンの学園を何というか。	アカデメイア
★★★☆☆ **6** □□□	現実世界の個物が共通の名前で呼ばれるのは、叡知界にある事物の本質が根拠になっているからだというプラトンの理論を何というか。	イデア論
★★★★★ **7** □□□	多数のものが同じ名で呼ばれる根拠であり、感覚的な事物の原型となる、永遠不変の真の実在を何というか。	イデア
★★★★★ **8** □□□	すべてのものがこれによって存在する、イデアのなかのイデアのことを何というか。	善のイデア

★★★★★
| 9 □□□ | 現象界の事物の原型であるイデアのような、永遠で完全なものが存在する世界のことを何というか。 | イデア界(叡知界・知性界) |

★★★☆☆
| 10 □□□ | イデアをわけもつことによって個物が個物となる、不完全で有限なものが存在する世界を何というか。 | 現象界(感覚界) |

★★★★★
| 11 □□□ | <u>現象界</u>に住む人間は、洞窟の壁に映しだされた影を真実の存在だと思って生きている囚人のようなものだという、イデアと現象との関係をたとえたプラトンの比喩を何というか。 | 洞窟の比喩 |

★★★★★
| 12 □□□ | 肉体と1つになって不完全なものとなった人間の魂が、現象界の美しいものや善いものを手がかりとして、かつてともにいた真実在(イデア)を思い出すことを何というか。 | 想起(アナムネーシス) |

★★★★★
| 13 □□□ | 完全で永遠なもの(イデア)に憧れる情熱のことで、キリスト教のアガペーと対比される真理への愛を何というか。 | エロース |

★★★★★
| 14 □□□ | 人間の魂には真理の認識に関わる部分と、行為や決断に関わる部分と、感覚や欲求に関わる部分とがあるという、プラトンの説を何というか。 | 魂の三分説(魂の三部分) |

★★★★★
| 15 □□□ | イデアの認識など、不死なるものに関わる魂の部分を何というか。 | 理性 |

★★★★★
| 16 □□□ | 行為や決断など、ロゴスに従って行動をおこそうとする魂の部分を何というか。 | 意志(気概) |

★★★★★
| 17 □□□ | 感覚や欲求などの、本能的なことがらに関わる魂の部分を何というか。 | 欲望 |

★★★★★
| 18 □□□ | 魂の三部分と関連する、4つの徳を何というか。 | 四元徳 |

★★★★★
| 19 □□□ | 理性・意志・欲望の魂がそなえるべきそれぞれの徳と、これらが調和したときに生まれる徳をそれぞれ何というか。 | 知恵・勇気・節制・正義 |

★★★★★
| 20 □□□ | 魂の三分説と四元徳の考えから導かれた、調和のとれた立派な国をプラトンは何というか。 | 理想国家 |

★★★★★
| 21 □□□ | 理性にすぐれ、知恵の徳をもつ人によって構成される階 | 統治者階級 |

級を何というか。

★★★★★
22
意志にまさり、勇気の徳をもつ人によって構成される階級を何というか。 | 防衛者階級

★★★★★
23
欲望がまさり、とくに節制の徳を必要とする人によって構成される階級を何というか。 | 生産者階級

★★★★★
24
理想的な国家とは、哲学者が統治するか、統治者が哲学することによってしか実現しないとする、プラトンの政治論を何というか。 | 哲人政治

❻ アリストテレス
用語集 p.47〜50

★★★★★
1
青年時代の20年間をアカデメイアで学び、のち師プラトンを批判して独自の学説を立て、「万学の祖」と呼ばれた、前4世紀のマケドニア出身のギリシアの哲学者は誰か。 | アリストテレス

★★★★★
2
存在の根拠や形相・質料について論じられた、「自然学の後にくるもの」という意味をもつアリストテレスの著作は何か。 | 『形而上学』

★★★★★
3
アリストテレスの息子の名にちなむ、善きポリス市民としていかに生きるべきかについて記した著作は何か。 | 『ニコマコス倫理学』

★★★★☆
4
「人間はポリス的動物である」という言葉を記し、ポリスのあるべき姿を論じたアリストテレスの著作は何か。 | 『政治学』

★★★★★
5
アリストテレスが弟子たちと散歩しながら講義をしたという、アテネ郊外に建てられた学園を何というか。 | リュケイオン

★★★☆☆
6
散歩しながら講義したというエピソードから、アリストテレスの学派を何というか。 | 逍遙(ペリパトス)学派

★★★★★
7
個物に内在するそのものの本質で、素材を限定して現実的なものにする事物の原型を何というか。 | 形相(エイドス)

★★★★★
8
銅像における素材の銅のように、本質に限定されて個物を形成する素材のことを何というか。 | 質料(ヒュレー)

★★★★★
9
ある素材(質料)が目的(形相)に向かう変化の過程で、素材がもつ完成への可能性を秘めた状態を何というか。 | 可能態(デュナミス)

★★★★★ **10** □□□	完成への可能性をもった質料が、形相を得て目的に至ったときの具体的な状態を何というか。	現実態(実現態・エネルゲイア)
★★★★★ **11** □□□	自然界の事物は一定の目的に向かって生起しているとする考えを何というか。	目的論的自然観
★★★★★ **12** □□□	人間は国家を離れて存在できず、国家のなかでこそ人間本来のあり方を実現できるのだという、アリストテレスの言葉は何か。	「人間はポリス的動物である」
★★★★★ **13** □□□	人と人とが相互に善を与えあうことで、国家の成立のための結合原理を何というか。	友愛(フィリア)
★★★★☆ **14** □□□	法を守るという普遍的な正義を何というか。	全体的正義
★★★★☆ **15** □□□	公正を原則として、個別的な事象に適用される正義を何というか。	部分的正義
★★★★★ **16** □□□	働きや能力に応じて名誉や報酬が与えられるような正義のあり方を何というか。	配分的正義
★★★★★ **17** □□□	売買行為や犯罪行為のように、利害得失の調節をはかることを目的とした正義のあり方を何というか。	調整(矯正)的正義
★★★★☆ **18** □□□	一人の支配者による公正な政治とその堕落形態を何というか。	王政(君主政治)、独裁政治(僭主政治)
★★★★☆ **19** □□□	少数者による公正な政治とその堕落形態を何というか。	貴族政治、寡頭政治
★★★★☆ **20** □□□	アリストテレスが、もっとも中庸を得やすいと考えた政治体制とその堕落形態を何というか。	共和政治、衆愚政治
★★★★★ **21** □□□	学問的な知である知恵と実践的な知が、ともによく働くときに生まれる徳を何というか。	知性的徳
★★★★☆ **22** □□□	知性的徳の1つで、学問的な徳である知恵に対して、行為に関わる実践的な知を何というか。	思慮(フロネーシス)
★★★★★ **23** □□□	思慮によって正しいとされた行為が、習慣(エトス)のなかで性格(エートス)となったときに成立する徳を何というか。	習性的徳(倫理的徳・性格的徳)
★★★★★ **24** □□□	思慮が時や場合や相手に応じて適切だと判断した、かた	中庸(メソテース)

よりのない行為のあり方を何というか。

★★★★★ 25 ☐☐☐	人間は善さを求めて生きているが、それ自体を目的とし、ほかの善さの手段とならない善さのことを何というか。	幸福(エウダイモニア・最高善)
★★☆☆☆ 26 ☐☐☐	アリストテレスが理想とした、理性に従って真理のみをみつめる、自足的で幸福な生活を何というか。	観想(テオーリア)的生活

❼ ヘレニズム・ローマ時代の思想　　用語集 p.51〜54

★★★★★ 1 ☐☐☐	アレクサンドロス大王の東方遠征以後に生まれた、オリエント文明とギリシア文明が融合した、「ギリシア風」という意味をもつ言葉を何というか。	ヘレニズム
★★★★★ 2 ☐☐☐	アレクサンドロス大王の東方遠征以後、ポリスの崩壊にともなって生まれた「世界国家(コスモポリス)」の市民という意味の言葉を何というか。	世界市民(コスモポリテース)
★★★★★ 3 ☐☐☐	人生の目的は快楽であり、魂にわずらわしさのないことが理想だと説いた、前4〜前3世紀の哲学者は誰か。	エピクロス
★★★★★ 4 ☐☐☐	エピクロスが仲間とともに自足的な生き方(アウタルケイア)を実践した場所は何というか。	エピクロスの園(エピクロスの庭園)
★★★★★ 5 ☐☐☐	人生の目的は快楽であり、快楽こそが善であり、幸福であるとする思想を何というか。	快楽主義
★★★★★ 6 ☐☐☐	刹那的・肉体的な快楽ではなく、永続的・精神的な快楽は魂にわずらわしさのないことだとする、エピクロス派の理想的境地を何というか。	アタラクシア
★★★★★ 7 ☐☐☐	平静心を乱す政治的・公共的生活から離れて生きることを説いた、エピクロス派の人々の生活信条を示す言葉は何か。	「隠れて生きよ」
★★★★★ 8 ☐☐☐	ロゴスに従って生きるためには情念を抑制することが大切だと説いた、前4〜前3世紀の哲学者は誰か。	ゼノン
★★★★★ 9 ☐☐☐	ゼノンを開祖とする学派を何というか。	ストア派
★★★★★ 10 ☐☐☐	情念や欲望を抑制した生活こそが、正しい生き方だと考える思想を何というか。	禁欲主義

★★★★★

11 □□□ ストア派がめざす、外的な刺激や快苦(かいく)にまどわされないよう、自己の情念を統御する理想の境地を何というか。 | アパテイア(情念からの自由・無情念)

★★★★★

12 □□□ 感情あるいは情念を意味するギリシア語を何というか。 | パトス

★★★★★

13 □□□ 自然の理法によって存在させられている人間は、その理法に従って生きることが本来的あり方だと考える、ストア派が理想とする生活信条を示す言葉は何か。 | 「自然に従って(自然に一致して)生きる」

★★★★★

14 □□□ ローマの皇帝で、『自省録(じせいろく)』を著したストア派の哲学者は誰か。 | マルクス゠アウレリウス

★★★☆☆

15 □□□ ローマ時代の弁論家・政治家で、ギリシア哲学をラテン語で伝えた哲学者は誰か。 | キケロ

★★★★★

16 □□□ ネロ帝の家庭教師として有名な、後期ストア派の哲学者は誰か。 | セネカ

★★★★★

17 □□□ 神の摂理を信じ、意のままにならぬ運命を「耐(た)えよ、控(ひか)えよ」と受け入れた、後期ストア派の哲学者は誰か。 | エピクテトス

★★★☆☆

18 □□□ どんな学説や信念にもそれに対立する見方があるとする懐疑論を最初にとなえたとされる人物は誰か。 | ピュロン

★★★☆☆

19 □□□ ピュロンは独断におちいらないためには、いったん判断を保留することを勧めたが、この判断保留のことを何というか。 | エポケー(判断停止)

★★★★★

20 □□□ プラトンのイデア論を新たに解釈し、キリスト教神学に影響を与えたローマ時代の哲学者は誰か。 | プロティノス

★★★★★

21 □□□ プロティノスは、世界は一者(ト・ヘン)である神から流出し再び神に還(かえ)ると説いたが、彼を中心としたプラトン哲学の流れをくむこの思想を何というか。 | 新プラトン主義

第3章 **キリスト教**

❶ 旧約聖書の思想

用語集 p.55〜57

★★★★★ 1 ☐☐☐	イスラエルの大半の人々が信仰する、キリスト教の母体ともなった一神教を何というか。	ユダヤ教
★★★★★ 2 ☐☐☐	古くは<u>ヘブライ人</u>といわれ、<u>ユダヤ人</u>とも呼ばれる人々を何というか。	イスラエル人
★★★★★ 3 ☐☐☐	天地や人間を創造した<u>創造主</u>であり、<u>イスラエル人</u>と救済に関する<u>契約</u>を結んだ、<u>全知全能</u>でユダヤ教におけるただ一人の神を何というか。	ヤハウェ(ヤーウェ)
★★★☆☆ 4 ☐☐☐	人と契約をかわした神は、人にその遵守をせまり、人が契約に反するときはきびしく罰を与える神でもあるが、このような性格をもつ神を何というか。	裁き(義)の神
★★★★☆ 5 ☐☐☐	契約をかわしたり、裁きをおこなったりするなど、人間的な特性をもつ神を何というか。	人格神
★★★★★ 6 ☐☐☐	ほかに神のいない、ただ一人の絶対神を何というか。	唯一神
★★★★★ 7 ☐☐☐	神とイスラエル人との契約を中心に記された、ユダヤ教の聖典は何か。	『旧約聖書』
★★★★★ 8 ☐☐☐	ユダヤ教の聖典において、妻<u>エバ(イヴ)</u>とともに神との約束を破って<u>楽園追放</u>の罰を受け、人類の罪の原型をつくったはじめての人間は誰か。	アダム
★★☆☆☆ 9 ☐☐☐	ユダヤ教の聖典において、古代イスラエル人の祖で、神から<u>カナン(パレスチナ)</u>の地を与えると約束された人物は誰か。	アブラハム
★★★★★ 10 ☐☐☐	イスラエル人のエジプトからの脱出とモーセの十戒が記されているユダヤ教の聖典の一章を何というか。	「出エジプト記」
★★★★★ 11 ☐☐☐	イスラエル人の指導者であり、同胞をエジプトから約束の地へと救出する際に<u>シナイ山</u>で神からの命令を受け取った人物は誰か。	モーセ
★★★★★ 12 ☐☐☐	神が<u>モーセ</u>を通してイスラエル人に授けた10カ条からな	十戒

る命令を何というか。

★★★★★

13
☐☐☐
神の命令であり、イスラエル人が遵守を義務づけられているユダヤ教の戒律(かいりつ)を何というか。

律法(トーラー)

★★★★★

14
☐☐☐
ヘブライ王国分裂後、ユダ王国が新バビロニアに敗れ(やぶ)、多くの人々がバビロンへ連行された事件を何というか。

バビロン捕囚(ほ しゅう)

★★★★★

15
☐☐☐
イスラエルの人々が困難(こんなん)に遭遇(そうぐう)したとき、神の言葉によって人々を励まし、信仰を失うなと警告した人々を何というか。

預言者(よ げんしゃ)

★★★★☆

16
☐☐☐
ヘブライ王国分裂後の前8世紀に活躍した**預言者**は誰か。

イザヤ

★★★★★

17
☐☐☐
バビロン捕囚前後の前6世紀に活躍した預言者は誰か。

エレミヤ

★★★★★

18
☐☐☐
イスラエル人は神から特別の使命を与えられた、選ばれた民であるという思想を何というか。

選民思想(せんみん)

★★★★★

19
☐☐☐
イスラエル人を神の国に迎えるために神が遣(つか)わすと考えられていた救い主のことを何というか。

救世主(メシア・キリスト)

★☆☆☆☆

20
☐☐☐
この世界はいずれ終わり、すべてのものに最期が訪れるという考え方を何というか。

終末論

★★★★☆

21
☐☐☐
この世の終わりに救世主があらわれて、世界のすべての人々を裁くことを何というか。

最後の審判(しんぱん)

★★★☆☆

22
☐☐☐
ヘロデ王が改築をおこなったエルサレム神殿の西の壁で、ユダヤ教徒の聖地となっている建造物を何というか。

嘆(なげ)きの壁

---

② イエス゠キリスト

用語集 p.58～61

★★★★★

1
☐☐☐
ガリラヤのナザレ在住の大工ヨゼフとマリアの息子で、信仰の原点にもどることを説いてユダヤ教の形式主義を批判し、ローマに対する反逆罪で処刑された人物は誰か。

イエス

★★★★☆

2
☐☐☐
イエスの母で、大工ヨゼフの妻である女性は誰か。

マリア

★★★★★

3
☐☐☐
キリスト教の入信の際に、頭に水を注いだり、身体を水にひたしたりしておこなわれる儀式を何というか。

洗礼

★★★★★ **4** ☐☐☐	ヨルダン川のほとりで神の国の到来が近いことを告げ、<u>洗礼</u>（バプテスマ）をおこなった預言者は誰か。	洗礼者（預言者）ヨハネ
★★★★★ **5** ☐☐☐	<u>律法</u>学者を中心とするユダヤ教の一派で、律法の厳守を主張してイエスと対立した人々を何というか。	パリサイ（ファリサイ）派
★★★★ **6** ☐☐☐	儀式の形式を重視するなど、イエスと弟子たちに<u>迫害</u>を加えたユダヤ教保守派の人々を何というか。	サドカイ派
★★★★★ **7** ☐☐☐	イエスが批判の対象とした、律法の厳守を主張し、そのため形式主義におちいっている人々の立場を何というか。	律法主義
★★★★★ **8** ☐☐☐	イエスにおいては神の救いという喜ばしい知らせを意味し、キリスト教ではイエスを通してもたらされる神の愛と救いを意味する言葉を何というか。	福音（エウアンゲリオン）
★★★★★ **9** ☐☐☐	<u>十戒</u>に、あらゆる労働を休まなければならない聖なる日と定められている日を何というか。	安息日
★★★★★ **10** ☐☐☐	神が人間に与える<u>無差別の愛・無償の愛</u>のことで、ギリシアのエロースと対比される愛を何というか。	アガペー
★★★★★ **11** ☐☐☐	パリサイ派の学者に対して、イエスが示した2つの戒めのうち、第一の戒めの言葉は何か。	「心をつくし、精神をつくし、思いをつくして、主なるあなたの神を愛せよ」
★★★★★ **12** ☐☐☐	パリサイ派の学者に対して、イエスが示した第二の戒めの言葉は何か。	「自分を愛するように、あなたの隣人を愛しなさい」
★★★★★ **13** ☐☐☐	イエスの2つの戒めのうち、<u>神への愛</u>とともに重視された愛を何というか。	隣人愛
★★★★☆ **14** ☐☐☐	<u>隣人愛</u>について、のちにJ.S.ミルが質的功利主義の原理と考えた、「<u>己の欲するところを人にほどこせ</u>」という言葉はとくに何と呼ばれているか。	黄金律
★★★☆☆ **15** ☐☐☐	イエスが語った隣人愛のたとえで、災難にあった人を祭司やイスラエル人が無視したのに対して、懸命に救助しようとした異邦人を何というか。	よきサマリア人

★★★☆☆

16
□□□
「心の貧しい人は幸いである」という言葉で始まる、丘の上でイエスが説いた説教を何というか。

山上の垂訓(山上の説教)

★★★★★

17
□□□
終末における裁きのあとに到来するとされる国のことで、イエスによって「あなたたちのただなかにある」と語られた国を何というか。

神の国

★★★★★

18
□□□
アダム以来、神の命令を破り続けている人間の根源的な罪や、罪を犯さざるを得ない傾向性のことを何というか。

原罪

★★★★★

19
□□□
法律的には違法行為をいうが、宗教的には神の命令に背くことを何というか。

罪

★★★★★

20
□□□
イエスの生涯とイエスを媒介とした神と人間との新たな契約について記された書で、4つの福音書と使徒たちの伝道記録からなるキリスト教の聖典は何か。

『新約聖書』

★★★★☆

21
□□□
4つの福音書は、それぞれ何というか。

「マタイによる福音書」「マルコによる福音書」「ルカによる福音書」「ヨハネによる福音書」

❸ キリスト教の発展

用語集 p.61〜66

★★★★★

1
□□□
イエスをキリスト(メシア)と認め、彼の復活を信じる人々によっておこされ、イエスの教えの伝道を通してイスラエル人の枠をこえて普及した宗教を何というか。

キリスト教

★★★★☆

2
□□□
イエスの死後、ペテロたちが活躍した2世紀頃のキリスト教を何というか。

原始キリスト教

★★★★★

3
□□□
キリスト教ではイエスは十字架での死から3日後によみがえったとされているが、このよみがえりを何というか。

復活

★★★★★

4
□□□
イエスの直弟子で、彼の死後、その教えを伝えた人々を何というか。

使徒

★★★★★

5
□□□
イエスの教えを伝え広めようとすることを何というか。

伝道

★★★★☆

6
□□□
イエス逮捕のとき弟子であることを否定したが、のち、キリスト教団設立の中心となり、ローマでの伝道中に殉

ペテロ

教した「第一の使徒」と呼ばれる人物は誰か。

★★★★★ **7** □□□	元パリサイ派のユダヤ教徒で、のち回心してキリスト教徒となり、教義確立に貢献したが、ローマで伝道中にネロ帝の迫害にあって殉教した人物は誰か。	パウロ
★★★☆☆ **8** □□□	『新約聖書』に収録された、**パウロ**がギリシアのコリントから、まだみぬローマの教会に宛てた手紙を何というか。	「ローマ人への手紙」
★★★★★ **9** □□□	ほかの宗教を信じていた人や、無宗教だった人がある宗教を信じるようになることを何というか。	回心
★★★★☆ **10** □□□	「人が義とされるのは律法のおこないによるのではなく信仰による」というパウロの考えを何というか。	信仰義認(信仰義認説)
★★★☆☆ **11** □□□	パウロが自分の罪深さを語った言葉は何か。	「私は自分の望む善はおこなわず、望まない悪をおこなっている」
★★★★★ **12** □□□	キリスト教では神がみずからの子イエスを人間に遣わし、全人類の罪を背負って十字架上で犠牲になることによって、人間の罪を替わってつぐなったことを何というか。	贖罪
★★★★★ **13** □□□	ニケーアの公会議で、父なる神と子なるイエスと聖霊とは同じ神の異なる3つの位相であるとするアタナシウス派が正統とされたが、ローマ帝国内に「あまねく広まった」という意味をもつこのキリスト教を何というか。	カトリック(ローマ・カトリック)
★★★★★ **14** □□□	父なる神と子なるイエスと聖霊とは、同じ神の異なる位相であるとする説を何というか。	三位一体
★★★☆☆ **15** □□□	公会議で正統とされなかった、アリウス派などの宗派のことを何というか。	異端
★★★★☆ **16** □□□	異教徒との論争のなかで、初期のキリスト教を理論的に指導した人々を何というか。	教父
★★★★★ **17** □□□	**マニ教**からキリスト教に回心し、**教義**の確立に尽力した古代末期最大の**教父**は誰か。	アウグスティヌス
★★★★★ **18** □□□	回心に至るまでのみずからの魂の遍歴と、罪や信仰について語った、**アウグスティヌス**の作品は何か。	『告白』

★★★★★
19 □□□ 異教徒によるキリスト教批判に反駁し、かつ教会のもつ役割についても論じたアウグスティヌスの作品は何か。 — 『神の国』

★★★★☆
20 □□□ この世の終わりに成就される神の支配する国で、アウグスティヌスによれば神を愛し、隣人を愛する謙虚な愛からあらわれる国を何というか。 — 神の国

★★★★☆
21 □□□ 罪と悪とにおおわれた人間の住む国のことを何というか。 — 地上の国

★★★★★
22 □□□ 原罪を負った人間が救われるのは、ただ神の一方的な意志にもとづくとアウグスティヌスは考えたが、この神の一方的な愛と恵みを何というか。 — 恩寵

★★★★★
23 □□□ アウグスティヌスがパウロから引き継いだ、キリスト教徒が守るべき3つの徳を何というか。 — 信仰・希望・愛

★★★★★
24 □□□ 信仰・希望・愛の3つの徳を総称して何というか。 — キリスト教の三元徳

★★★★☆
25 □□□ 13世紀にスペインのドミニクスによって創設された修道会を何というか。 — ドミニコ会

★★★★★
26 □□□ 宗教的真理を表明した教えの体系を何というか。 — 教義

★★☆☆☆
27 □□□ 宗教の教義や信仰や儀礼について、組織的に研究する学問を何というか。 — 神学

★★★★★
28 □□□ アリストテレス哲学を基礎として、教会付属の学校で説かれ始めた哲学で、中世を通して圧倒的な影響力をもったキリスト教哲学を何というか。 — スコラ哲学

★★★★★
29 □□□ 哲学の真理と信仰の真理とを、信仰の優位に立って調和させた中世最大の哲学者は誰か。 — トマス=アクィナス

★★★★★
30 □□□ トマス=アクィナスによる、神学・哲学を含む未完の主著は何か。 — 『神学大全』

★★★★★
31 □□□ 「自然の事物は人間理性が見習うべき神の理性の力によって秩序づけられている」とするトマス=アクィナスの言葉の目的は何か。 — 信仰と理性の調和（神学と哲学の調和）

★★★☆☆
32 □□□ 実在するのは個物であり、神などの普遍はたんなる名称にすぎないとする唯名論の立場をとり、科学への道を開いた14世紀のイギリスの哲学者は誰か。 — ウィリアム=オッカム

第4章 **イスラーム教**

① イスラーム教の成立

用語集 p.67

★★★★★
1 □□□ 7世紀初め、アラビア半島に生まれた一神教を何というか。	イスラーム教(イスラーム)
★★★★★
2 □□□ 40歳の頃、ヒラー山の洞窟で神の啓示を受けて預言者としての自覚をもち、神への絶対帰依と神の前の平等を説いて新しい宗教をおこした人物は誰か。	ムハンマド(マホメット)
★★★★★
3 □□□ <u>ムハンマド</u>の誕生の地であり、カーバ神殿の所在地として聖なる場所とされた町を何というか。	メッカ
★★★★★
4 □□□ ムハンマドが<u>メッカ</u>の有力者たちの迫害を受け、メディナへ逃れた622年のできごとを何というか。	聖遷(ヒジュラ)
★★★★★
5 □□□ メッカから逃れてきたムハンマドが実権を掌握し、のちに故郷メッカを征服する拠点になった町を何というか。	メディナ
★★★★
6 □□□ 元来、多神教の神殿だった所を、ムハンマドが神アッラーのいる場所として、聖域とした場所を何というか。	カーバ神殿
★★★★★
7 □□□ イスラーム教の信者たちのことを、神に服従する者という意味で何というか。	ムスリム
★★★★★
8 □□□ ムハンマドが昇天したと伝えられる岩の上に建てられた、エルサレムにあるイスラーム教の聖地を何というか。	岩のドーム

② イスラーム教の教え

用語集 p.68〜71

★★★★★
1 □□□ もとはメッカの最高神であったが、ムハンマドによってイスラーム教の唯一神とされた神を何というか。	アッラー
★★★★★
2 □□□ 神がムハンマドを通して与えた啓示が記されている、「読誦すべきもの」という意味をもつイスラーム教の聖典は何か。	『クルアーン(コーラン)』
★★★★★
3 □□□ 神と預言者の言葉や慣行(<u>スンナ</u>)にもとづいてつくられた、ムスリムのための法律を何というか。	シャリーア(イスラーム法)

★★★★☆ 4 □□□	ムハンマドの言行を記した記録は何か。	『ハディース』
★★★★★ 5 □□□	神は姿や形をもたないのだから、神の像を刻んでこれを拝んではならないとして、イスラーム教で禁止されていることを何というか。	偶像崇拝
★★★★★ 6 □□□	イスラーム教信仰の基礎で、無条件に信じなければならない6つの事項を総称して何というか。	六信
★★★★★ 7 □□□	神と人間とのあいだに立つ使者たちのことを何というか。	天使
★★★★★ 8 □□□	ムハンマドは、アブラハム・モーセ・イエスのあとに登場した、神の言葉を預かる最後で最高の存在とされているが、この神の言葉を預かる者のことを何というか。	預言者(使徒)
★★★★★ 9 □□□	最後の審判のあとに訪れる、天国または地獄のことを何というか。	来世
★★★★★ 10 □□□	神が定めた人間の宿命のことを何というか。	天命(定命)
★★★★★ 11 □□□	イスラーム教における5つの宗教的実践のことで、「五柱」ともいわれるものを何というか。	五行
★★★★★ 12 □□□	信仰行為の際にとなえられる「アッラーのほかに神はなく、ムハンマドは神の使徒である」という言葉のことを何というか。	信仰告白(シャハーダ)
★★★★★ 13 □□□	1日5回、メッカのカーバ神殿の方角に向かっておこなわれる宗教儀礼を何というか。	礼拝(サラート)
★★★★★ 14 □□□	イスラーム暦9月ラマダーンの1カ月間は、朝から夕方まで食事をとらないが、この行為を何というか。	断食(サウム)
★★★★★ 15 □□□	生活に困っている者へのほどこしを意味し、のち救貧税の意味をもつことになった信仰実践を何というか。	喜捨(ザカート)
★★★★★ 16 □□□	1年に1度、定められた日に聖地におもむき、祭礼に参加することを何というか。	巡礼(ハッジ)
★★★★☆ 17 □□□	イスラーム教の礼拝堂のことを何というか。	モスク
★★★☆☆ 18 □□□	ヒジュラがおこなわれた622年を元年とする、イスラー	イスラーム暦

ム教における太陰暦を何というか。

★★☆☆☆ 19 □□□	シャリーアで許容されている行動や食材などを何というか。	ハラール
★★★★★ 20 □□□	イスラーム教の信者の共同体のことを何というか。	ウンマ
★★★★★ 21 □□□	ムハンマドの死後、ムスリムの代表者として教団を統率する立場に立った人物のことを何というか。	カリフ（ハリーファ）
★★★★★ 22 □□□	「努力すること」という意味から転じ、神の栄光のためにおこなわれる異教徒との戦いを何というか。	ジハード（聖戦）
★★☆☆☆ 23 □□□	『旧約聖書』の一部や福音書を共通の啓典とするユダヤ・キリスト教徒を、イスラーム教では何というか。	啓典の民
★★★★★ 24 □□□	ムハンマドが語りおこなった慣行に従う人々を意味する、イスラーム教の多数派を何というか。	スンナ（スンニー）派
★★★★★ 25 □□□	ムハンマドの従弟で娘婿であるアリーとその子孫を正統な後継者と認める、イスラーム教の少数派を何というか。	シーア派
★★★☆☆ 26 □□□	9世紀のアッバース朝時代に建てられた図書館兼研究機関を何というか。	知恵の館
★★★★☆ 27 □□□	コルドバ出身の哲学者で、アリストテレス哲学の翻訳で知られる人物は誰か。	イブン＝ルシュド（アヴェロエス）

第5章	**仏教**

❶ 古代インドの社会と思想

用語集 p.72〜74

★★★★★
1
□□□ 紀元前1500年頃、西北インドに侵入し、先住のインダス文明を破壊したインド・ヨーロッパ語族の人々を何というか。

アーリヤ(アーリア)人

★★★★★
2
□□□ 古代インドの自然宗教を基礎に形成された**アーリヤ人**の民族宗教で、のち祭礼の形式化によって批判を受けることになった宗教を何というか。

バラモン教

★★★★★
3
□□□ アーリヤ人の侵入によって全インドに広がった、インド社会の厳格な身分制度を何というか。

カースト制度

★★★★★
4
□□□ **カースト制度**のなかで4つに区分されている血統や**種姓**、および生まれや職業を意味する言葉を、それぞれ何というか。

ヴァルナ・ジャーティ

★★★★★
5
□□□ カースト制度における4つの種姓である司祭・武士・庶民・奴隷の各身分の呼称を、それぞれ何というか。

バラモン・クシャトリヤ・ヴァイシャ・シュードラ

★★★☆☆
6
□□□ カースト制度の外側におかれて差別を受けていた人々を何というか。

不可触民

★★★★★
7
□□□ 『リグ・ヴェーダ』を中心としたバラモン教の4つの聖典を総称して何というか。

『ヴェーダ』

★★★★★
8
□□□ 霊魂は不滅で、肉体が滅びたあともつぎつぎとほかの生命体として生き続けるという思想を何というか。

輪廻転生(輪廻)

★★★★★
9
□□□ 行為やその行為の結果を意味する言葉を何というか。

カルマ(業)

★★★★★
10
□□□ この世の苦しみから脱して、心安らぐ境地に至ることを何というか。

解脱

★★★★★
11
□□□ 祭儀を中心とする保守派に対する批判から生まれた、宇宙と個人の本質を探究することによって苦しみからの脱却をめざそうとする、バラモン教の哲学を何というか。

ウパニシャッド哲学

★★★★★
12
□□□ 宇宙の根源にある最高原理のことを、**ウパニシャッド哲**

ブラフマン(梵)

	学では何というか。	
★★★★★ 13 ☐☐☐	個人の根源にある本来的自己のことを、ウパニシャッド哲学では何というか。	アートマン(我)
★★★★★ 14 ☐☐☐	宇宙の最高原理と本来的自己とは、根源的には1つであるという、ウパニシャッド哲学の真理を何というか。	梵我一如
★★★★★ 15 ☐☐☐	古代バラモン教に民間信仰や仏教教理などを取り入れて成立した、現代インドの代表的な宗教を何というか。	ヒンドゥー教
★☆☆☆☆ 16 ☐☐☐	古代インドの6人の<u>自由思想家</u>たちを、仏教の側から名づけた呼称を何というか。	六師外道
★★★★★ 17 ☐☐☐	殺生を禁じて慈悲を重んじ、きびしい苦行によって解脱をはかろうとする、<u>六師外道</u>の一人が開いたとされる宗教を何というか。	ジャイナ教
★★★★★ 18 ☐☐☐	生き物を殺さないことを何というか。	不殺生(アヒンサー)
★★★★★ 19 ☐☐☐	ジャイナ教の開祖で、<u>マハーヴィーラ</u>と尊称される人物は誰か。	ヴァルダマーナ
★★★★★ 20 ☐☐☐	瞑想によって精神を統一し、絶対者と合一しようとするインド古来の修行法を何というか。	ヨーガ

② ブッダ

用語集 p.75〜79

★★★★★ 1 ☐☐☐	深い瞑想と修行によって、この世の真理を悟った覚者となるための修行を説く宗教を何というか。	仏教
★★★★☆ 2 ☐☐☐	深い瞑想と修行によって、この世の真理を悟った覚者を何というか。	ブッダ(仏陀)
★★★★★ 3 ☐☐☐	<u>シャカ族</u>の王子であったが、その後出家して瞑想によって悟りを開き、<u>ブッダ</u>となった人物は誰か。	ガウタマ=シッダールタ(ゴータマ=シッダッタ)
★★★☆☆ 4 ☐☐☐	<u>釈尊</u>と同じ意味をもつ、シャカ族の尊者という意味の言葉を何というか。	釈迦牟尼
★★★★★ 5 ☐☐☐	ガウタマが悟りを開いた村の名を何というか。	ブッダガヤー

★★☆☆☆
6
☐☐☐
3つの城門のそばで死者・病人・老人に出あったあと、最後の城門のそばで僧侶に出あって出家を決意したという、ガウタマの出家を物語るエピソードのことを何というか。

四門出遊
〔しもんしゅつゆう〕

★★★★★
7
☐☐☐
はじめガウタマがおこない、その後捨て去ることになった心身に苦しみを与える修行のことを何というか。

苦行
〔くぎょう〕

★★★★★
8
☐☐☐
仏教において、真理・法則・教えを意味する言葉は何か。

ダルマ（法）

★★★★★
9
☐☐☐
仏教において、<u>ダルマ</u>を体得することを何というか。

悟（覚）り
〔さと〕

★★★★★
10
☐☐☐
この世の一切はそれ自体としては存在せず、相互に依存しつつ変化のうちに存在しているという、仏教の真理を何というか。

縁起（縁起の法）
〔えんぎ〕

★★★★★
11
☐☐☐
ブッダが悟った4つの真理のことで、仏教独自の考え方を示す言葉を何というか。

四法印
〔しほういん〕

★★★★★
12
☐☐☐
<u>四法印</u>のうち、この世のすべては苦しみであるという真理を何というか。

一切皆苦
〔いっさいかいく〕

★★★★★
13
☐☐☐
四法印のうち、この世のすべては変化してやむことはないという真理を何というか。

諸行無常
〔しょぎょうむじょう〕

★★★★★
14
☐☐☐
四法印のうち、この世のすべてのものには永遠不変の実体はないという真理を何というか。

諸法無我
〔しょほうむが〕

★★★★★
15
☐☐☐
四法印のうち、苦しみから脱し、煩悩の火が消え去った心静かな境地に入ることができるという真理を何というか。

涅槃寂静
〔ねはんじゃくじょう〕

★★★★★
16
☐☐☐
人間の根源的な苦しみと、そこから派生する苦しみのすべてを総称して何というか。

四苦・八苦
〔しく・はっく〕

★★★★★
17
☐☐☐
人間として避けることのできない、この世に生まれでて生きていくこと、老いていくこと、病を得ること、そして死んでいくことを契機とする苦しみをそれぞれ何というか。

生・老・病・死
〔しょう〕

★★★★★
18
☐☐☐
八苦の1つで、愛するものとの別れの苦しみのことを何というか。

愛別離苦
〔あいべつりく〕

★★★★★ 19 □□□	八苦の1つで、憎みきらうものと出あう苦しみのことを何というか。	怨憎会苦
★★★★★ 20 □□□	八苦の1つで、求めるものが手に入らない苦しみのことを何というか。	求不得苦
★★★★★ 21 □□□	八苦の1つで、あらゆる存在を構成する色(物質)・受(感受作用)・想(表象作用)・行(形成作用)・識(認識作用)の五蘊によって生じる苦しみを何というか。	五蘊盛苦
★★★★★ 22 □□□	渇愛ともいわれ、事物へのとらわれによって心が乱れ、苦しみを生みだしていく原因になるものを何というか。	煩悩
★★★★★ 23 □□□	自分自身や所有物あるいは欲しいと思うものにこだわる煩悩のあり方を何というか。	我執
★★★★★ 24 □□□	善を生みだす可能性を阻害する3つの煩悩を何というか。	三毒
★★★★★ 25 □□□	飽くことを知らない無理な望み、怒り、おろかさを意味する3つの煩悩をそれぞれ何というか。	貪・瞋・癡
★★★★★ 26 □□□	悟りを開いたのち、ブッダが修行仲間におこなった最初の説法を何というか。	初転法輪
★★★★★ 27 □□□	ブッダの最初の説法において説かれた、悟りに至るまでの実践原理で、仏教の根本教説を何というか。	四諦
★★★★★ 28 □□□	四諦のうち、人生は苦しみにほかならないという真理を何というか。	苦諦
★★★★★ 29 □□□	四諦のうち、苦の原因は煩悩の集積にあるという真理を何というか。	集諦
★★★★★ 30 □□□	四諦のうち、煩悩が消えたところに平安の境地である涅槃(ニルヴァーナ)があるという真理を何というか。	滅諦
★★★★★ 31 □□□	四諦のうち、涅槃に至るには道があるという真理を何というか。	道諦
★★★★★ 32 □□□	この世界の真理(法)に関する根本的な無知のことを何というか。	無明
★★★★★ 33 □□□	極端な快楽主義や心身をいたずらに苦しめる苦行主義を	中道

排し、いずれにもかたよらない中正な道を何というか。

★★★★★ 34 □□□	涅槃に至るために、**中道**をみすえつつおこなわれる8つの正しい修行のあり方を何というか。	八正道
★★★★★ 35 □□□	**八正道**を構成する、「正しい見解」「正しい思惟」「正しい言葉」「正しい行為」「正しい生活」「正しい努力」「正しい想念」「正しい瞑想」をそれぞれ何というか。	正見・正思・正語・正業・正命・正精進・正念・正定
★★★★★ 36 □□□	涅槃に至るために在家の人々が守らなければならない5つの戒めを何というか。	五戒
★★★☆☆ 37 □□□	生き物を殺さない、盗みをしない、みだらなことをしない、偽りをしない、酒を飲まない、という5つの戒めをそれぞれ何というか。	不殺生戒・不偸盗戒・不邪淫戒・不妄語戒・不飲酒戒
★☆☆☆☆ 38 □□□	ブッダ・仏教の教え・僧侶への帰依を何というか。	三帰
★★★★★ 39 □□□	生きとし生けるものに楽しみを与え、苦しみを除くことを仏教では何というか。	慈悲
★★★★★ 40 □□□	楽しみを与える**与楽**(慈)と苦しみを除く**抜苦**(悲)を、それぞれサンスクリット語で何というか。	マイトリー・カルナー
★★★★★ 41 □□□	苦しみ悩むすべての生きとし生けるもののことを仏教では何というか。	一切衆生
★★☆☆☆ 42 □□□	教団分裂以前の仏教を何というか。	原始仏教
★★★★★ 43 □□□	ブッダの言葉を収録した最古の仏教の経典は何か。	『スッタニパータ』
★☆☆☆☆ 44 □□□	『法句経』と訳される、仏教の真理を短く鋭い詩句によって表現した、パーリ語の仏教経典は何か。	『ダンマパダ』
★★★☆☆ 45 □□□	仏教で出家者によって構成される僧侶集団のことを何というか。	サンガ

❸ 仏教の発展　　　　　　　　　　　用語集 p.79〜83

★★★★★ 1 □□□	仏教教団分裂後の保守派で、ブッダの言葉と戒律をきびしく遵守しようとする一派を何というか。	上座部
★★★★★ 2 □□□	仏教教団分裂後の進歩派で、ブッダの定めた戒律よりも	大衆部

その精神をいかそうとする一派を何というか。

★★★★★
3
□□□
上座部・大衆部への分裂後、さらに18〜20ほどの部派へと分裂した時代の仏教を何というか。　　部派仏教

★★★★★
4
□□□
自己の悟りを中心とした仏教一派で、そのため大乗仏教から「小さな乗り物」と批判され、東南アジアを中心に伝播した<u>上座部仏教</u>の別称を何というか。　　小乗仏教(南伝仏教)

★★★★☆
5
□□□
ブッダの教えに従い、修行者として最高の位置にまで達した、上座部仏教が理想とする人間像を何というか。　　阿羅漢

★★★★★
6
□□□
自己の悟りとともに衆生の救済にも力をつくし、慈悲の実践を重視して、中央アジアから中国・朝鮮半島・日本へと伝播した仏教を何というか。　　大乗仏教(北伝仏教)

★★★★★
7
□□□
悟りを求める修行者のことであるが、それに慈悲の実践者という意味を加えた、大乗仏教が理想とする人間像を何というか。　　菩薩

★★★★★
8
□□□
自分を利することで、自分の功徳のために修行することを何というか。　　自利

★★★★★
9
□□□
他人を利することで、他者の救済のためにつくすことを何というか。　　利他

★★★★☆
10
□□□
生きとし生けるもののうちにある、仏となるべき素質のことを何というか。　　仏性

★★★★★
11
□□□
『中論』によって、大乗仏教の理論を大成した2〜3世紀頃の思想家は誰か。　　竜樹(ナーガールジュナ)

★★★☆☆
12
□□□
竜樹を祖師とする仏教学派を何というか。　　中観派

★★★★★
13
□□□
すべての存在は実体をもたないとする縁起説を発展させた、大乗仏教の根本的立場を示す観念は何というか。　　空

★★★☆☆
14
□□□
空を直観する智慧(般若)を示した、『般若経』の要点を示す大乗仏教の経典は何か。　　『般若心経』

★★☆☆☆
15
□□□
この世の現象は有でもなく無でもなく、一瞬のうちに存在し、一瞬のうちに消え去る実体のないものであるということを何というか。　　色即是空

★★★★★
16
□□□ すべての存在は固定的・実体的な本性をもたないという、竜樹の説く概念を何というか。

無自性

★★★★★
17
□□□ 大乗仏教の修行者が実践すべき6つの徳目を総称して何というか。

六波羅蜜

★★★★★
18
□□□ 財貨や教えを与えること、戒律を守ること、迫害にたえること、修行にはげむこと、心を安定させること、真理を明らかにすること、という6つの徳目をそれぞれ何というか。

布施・持戒・忍辱・精進・禅定・智慧

★★★☆☆
19
□□□ あらゆる事象は、心の本体である「識」の働きにより仮にあらわれたものであると説く一派を何というか。

唯識派

★★★★★
20
□□□ 師の弥勒の教えを発展させて、唯識思想を確立した人物は誰か。

アサンガ（無著・無着）

★★★★★
21
□□□ 兄のアサンガの指導を受けて、唯識思想を発展させた人物は誰か。

ヴァスバンドゥ（世親）

★★★★★
22
□□□ チベットで発展した仏教のことを何というか。

チベット仏教

第6章 中国の思想

❶ 古代中国の社会と思想

用語集 p.84〜86

★★★☆☆ 1	天上にあって天候や農耕をつかさどる一方、人々に安寧をもたらすとされた、古代中国の人々が信仰の対象とした超越者のことを何というか。	天(天帝)
★★★☆☆ 2	天上の超越者の意志のことを何というか。	天命
★★☆☆☆ 3	天と人間の本性とのあいだには関係があるという思想を何というか。	天人相関説
★★★★★ 4	紀元前11世紀頃、殷を滅ぼして華北地方を支配した古代中国の王朝を何というか。	周
★★★★★ 5	周が異民族の侵入を受けて、都を東に遷して以降、秦による中国統一までの戦乱の時代を何というか。	春秋・戦国時代
★★★★★ 6	戦乱によって周の儀礼にもとづく政治体制が崩れるなかで、新たな価値を求めて登場した思想家や学派の一群を何というか。	諸子百家
★★★★★ 7	精神的な徳としての仁と実践的な徳である礼を中心として、政治と社会の秩序回復を求めた、孔子を祖とする諸子百家の一派を何というか。	儒家
★★★★★ 8	儒教の仁を別愛と批判し、わけ隔てのない愛や侵略戦争への批判を説いた、戦国時代の諸子百家の一派を何というか。	墨家
★★★★★ 9	墨家の開祖は誰か。	墨子
★★★★★ 10	自他の区別のない愛と自他相互に利益をわかちあうことを、それぞれ何というか。	兼愛・交利
★★★★★ 11	兼愛・交利をさまたげる侵略戦争の非道を説いた墨子の説を何というか。	非攻
★★★★★ 12	乱世を生んだ原因は、人間が大いなる自然の道を見失ったためであると批判し、無為自然を説いた老子・荘子を中心とする諸子百家の一派を何というか。	道家

★★★★★		
13 ☐☐☐	弁論と論理学を特徴とする、<u>公孫竜</u>を中心とした諸子百家の一派を何というか。	名家
★★★★★		
14 ☐☐☐	用兵と戦術を説いた、諸子百家の一派を何というか。	兵家
★★★★★		
15 ☐☐☐	「敵を知り己を知る」ことの重要性を説いた春秋時代の<u>兵家</u>の思想家は誰か。	孫子
★★★★★		
16 ☐☐☐	諸子百家のうち、<u>合従（合縦）</u>・<u>連衡</u>などの外交戦術を説いた<u>蘇秦</u>や<u>張儀</u>の一派を何というか。	縦横家
★★★★★		
17 ☐☐☐	諸子百家のうち、農耕の重要性と農業技術を説いた<u>許行</u>たちの一派を何というか。	農家
★★★★★		
18 ☐☐☐	<u>鄒衍</u>らが説いた、世界は陰陽の原理で動いていると説く諸子百家の一派を何というか。	陰陽家
★★★★★		
19 ☐☐☐	世界は木・火・土・金・水の5つの物質が陰陽の原理によって変化して動いているという説を何というか。	陰陽五行説
★★★★★		
20 ☐☐☐	法律や刑罰によって国家を運営することを説いた諸子百家の一派を何というか。	法家
★★★☆☆		
21 ☐☐☐	秦の孝公に仕えて改革をおこなった<u>法家</u>の思想家は誰か。	商鞅
★★★★★		
22 ☐☐☐	荀子に学んだのち、礼の思想を発展させ、秦の始皇帝に仕えたが、同門の<u>李斯</u>によって<u>投獄</u>され、自殺した思想家は誰か。	韓非子
★★★★☆		
23 ☐☐☐	有徳者による徳治主義に対して、厳格な法律と賞罰によっておこなわれる政治のあり方を何というか。	法治主義

❷ 孔子　　　　　　　　　　　　　　用語集 p.87〜90

★★★★★		
1 ☐☐☐	古代中国の聖人や君子の説いた教えに学び、これを継承・発展させていこうとする、孔子の教えを中心とする思想あるいは学問を何というか。	儒教（儒学）
★★★★★		
2 ☐☐☐	人間の基本感情としての肉親の情愛を基礎に、自分に対する誠実さや他人への思いやりを説き、それを政治に反映させようとした、<u>儒教</u>の祖である春秋・戦国時代の思想家は誰か。	孔子

★★★★☆		
3 ☐☐☐	<u>孔子</u>がみずからの学説を構築するうえで手本とした、周の礼制度を築いたとされる人物は誰か。	周公旦（周公） <small>しゅうこうたん</small>
★★★☆☆		
4 ☐☐☐	儒教思想が追い求めた、人間としてのあるべき生き方や守るべき規範のことを何というか。	道
★★★★★		
5 ☐☐☐	人と人とのあいだに生まれでる自然な親愛の情で、孔子の思想の中核をなす心のあり方を何というか。	仁 <small>じん</small>
★★★★★		
6 ☐☐☐	<u>仁</u>の根底をなす心情で、親に対する親愛の情と年長者に対する親愛の情をそれぞれ何というか。	孝・悌 <small>こう てい</small>
★★★★★		
7 ☐☐☐	仁の核心をなす心情で、自分をあざむかない純粋な真心と、他者への思いやりをそれぞれ何というか。	忠・恕 <small>ちゅう じょ</small>
★★★★★		
8 ☐☐☐	自分がされたくないことは他人にするなという、恕の真髄をあらわす言葉は何か。	「己の欲せざるところは人に施すことなかれ」
★★★★☆		
9 ☐☐☐	他人をあざむかない信頼のことで、孔子が忠・恕とともに重視した徳を何というか。	信 <small>しん</small>
★★★★★		
10 ☐☐☐	内面的な仁が行為や態度として外面化したものを何というか。	礼 <small>れい</small>
★★★★★		
11 ☐☐☐	「己に克ちて礼に復るを仁となす」という、自分の欲望に打ち勝ち、礼に従うことを何というか。	克己復礼 <small>こっき ふくれい</small>
★★★☆☆		
12 ☐☐☐	みずからが徳を修めることにより、人を治めることができるという、道徳と政治を一体化した言葉を何というか。	修己治人（修己安人） <small>しゅうこ ちじん あんじん</small>
★★★★★		
13 ☐☐☐	孔子が理想とした、徳を身につけて人格を完成させた人を何というか。	君子 <small>くん し</small>
★★★★☆		
14 ☐☐☐	君子は他人と調和はするが、安易に妥協しないということを意味する言葉は何か。	「君子は和して同ぜず」
★★★★☆		
15 ☐☐☐	無知で利にさとく、心の狭い人間として孔子がつねに君子と対置した人間を何というか。	小人 <small>しょうじん</small>
★★★★☆		
16 ☐☐☐	法律と刑罰によって統治する法治主義の政治に対して、支配者の道徳的権威によって統治する政治を何というか。	徳治主義 <small>とく ち</small>

★★★★★
17
□□□ 孔子の死後、弟子たちが彼の言行を記録した書物は何か。 『論語』

★★★☆☆
18
□□□ 生について十分に知らないのに、どうして死のことなど知り得よう、という『論語』のなかの言葉は何か。 「いまだ生を知らず、いずくんぞ死を知らん」

★★★☆☆
19
□□□ 孔子が神秘的・超自然的なことは語らなかったことを示す言葉は何か。 「怪力乱神を語らず」

★★☆☆☆
20
□□□ 学ぶことと考えることの関係について、孔子が注意をうながした言葉は何か。 「学びて思わざれば則ち罔く、思いて学ばざれば則ち殆し」

★★☆☆☆
21
□□□ 15歳、30歳、40歳、50歳、60歳と、孔子がみずからの人生の節目に生じた事柄を語った言葉を、漢字2字に簡略化してそれぞれ何というか。 志学・而立・不惑・知命・耳順

❸ 儒教の発展

用語集 p.90〜96

■孟子と荀子

★★★★★
1
□□□ 孔子の思想を継承して人間性の観察を深め、仁・義・礼・智を重んじる有徳者による政治を説いた思想家は誰か。 孟子

★★★★★
2
□□□ 人間の生まれながらの本性は善であるとする、孟子の学説を何というか。 性善説

★★★★★
3
□□□ 孟子が説いた4つの基本的な徳目で、のち儒教の重要な倫理的徳目とされたものを総称して何というか。 四徳

★★★★★
4
□□□ 孟子が重視した4つの徳目をそれぞれ何というか。 仁・義・礼・智

★★★★★
5
□□□ 人間が生まれついてやどしている徳の萌芽のことで、それをやしない育てることで四徳が備わるとされるものを何というか。 四端

★★★★★
6
□□□ 他人の不幸を見過ごしにはできないあわれみの心で、仁の端緒となる心を何というか。 惻隠の心（人に忍びざるの心）

★★★★★
7
□□□ 不正を恥じる気持ちで、義の端緒となる心を何というか。 羞悪の心

★★★★★
8
□□□ へりくだって他人を立てる心で、礼の端緒となる心を何 辞譲の心

	というか。	

★★★★★ 9 ☐☐☐	真偽を見分ける目をもつことで、智の端緒となる心を何というか。	是非の心
★★☆☆☆ 10 ☐☐☐	孟子が重んじた、思いやりの心をもつことと社会的に正しいおこないをなすことを何というか。	仁義
★★★★☆ 11 ☐☐☐	天地に満ちている公明正大な気であり、道義を求めるなかで養われてくる気概のことを何というか。	浩然の気
★★★★☆ 12 ☐☐☐	浩然の気を身につけた理想的な人間像のことを何というか。	大丈夫
★★★☆☆ 13 ☐☐☐	父子・君臣・夫婦・長幼・朋友といった、基本的な人間関係において守られるべき徳目を総称して何というか。	五倫
★★★☆☆ 14 ☐☐☐	五倫の5つの人間関係に対応した徳目を、それぞれ何というか。	親・義・別・序・信
★★★★★ 15 ☐☐☐	孟子の四徳に信を加えて、日常生活において守られるべき徳目を総称して何というか。	五常
★★★★★ 16 ☐☐☐	孟子の四徳に信を加えて、5つの徳目を説いた前漢の儒学者は誰か。	董仲舒
★★★★★ 17 ☐☐☐	天命を受けて仁義にもとづいておこなわれる、孟子の説く理想的な政治を何というか。	王道
★★★★★ 18 ☐☐☐	天命にそむき、刑罰や軍事力によっておこなわれる、仁義に外れた政治を何というか。	覇道
★★★★★ 19 ☐☐☐	仁義に外れて人望を失った支配者は、天命によって政権の座から追われるという思想を何というか。	易姓革命
★★★★★ 20 ☐☐☐	孟子の言行を記した、儒教の経典の1つは何か。	『孟子』
★★★★★ 21 ☐☐☐	孔子の思想を継承しながらも、混迷する時代状況のなかで、人間の本性に関しては孟子と反対の立場をとった思想家は誰か。	荀子
★★★★★ 22 ☐☐☐	人間の生まれつきの本性は悪であるとする、荀子の説を何というか。	性悪説

★★★★☆		
23 ☐☐☐	人間の本性は悪いもので、それが善くなるのは矯正によるものだという、荀子の言葉は何か。	「人の性は悪にして、その善なるものは偽なり」

★★★★☆		
24 ☐☐☐	荀子の主著で、儒教の経典の1つは何か。	『荀子』

★★★☆☆		
25 ☐☐☐	礼によって人民をおさめようとする荀子の政治思想を何というか。	礼治主義

■朱子と王陽明

★★★★★		
1 ☐☐☐	朱子によって大成された、宋の時代に生まれた宇宙哲学と倫理学とをあわせた新たな儒学を何というか。	朱子学

★★★★★		
2 ☐☐☐	宇宙と人間社会を理と気の2つの原理で説明し、宋学を大成した南宋の思想家は誰か。	朱子(朱熹)

★★★★☆		
3 ☐☐☐	宇宙と人間社会を理と気の2つの原理で説明しようとする理論を何というか。	理気二元論

★★★★★		
4 ☐☐☐	自然や人間を含むすべての事物をつらぬく原理のことを何というか。	理

★★★★★		
5 ☐☐☐	理と合成して万物を構成する、無形でガス状の物質を何というか。	気

★★★★★		
6 ☐☐☐	人間の本性は、天が授けた「理」であるという朱子の思想を何というか。	性即理

★★★★☆		
7 ☐☐☐	私欲をおさえて言動をつつしみ、理に従おうとする態度を何というか。	居敬

★★★★☆		
8 ☐☐☐	万物をつらぬく理法を見きわめようとすることを何というか。	窮理

★★★★★		
9 ☐☐☐	居敬・窮理によって知に至ることで、具体的には事物に即してその理をきわめることを何というか。	格物致知

★☆☆☆☆		
10 ☐☐☐	身が修まれば家が整い、家が整えば国が治まり、国が治まれば天下は平安になるという、『大学』に記された言葉を何というか。	修身・斉家・治国・平天下

★★★★★ 11 □□□	漢代以降に儒教の経典として重視され、朱子学でも尊重された『詩経』『易経』『書経』『春秋』『礼記』の5つの経典を何というか。	五経 (ごきょう)
★★★★★ 12 □□□	五経に失われた『楽経』を加えて何というか。	六経 (りっけい)
★★★★☆ 13 □□□	朱子が注釈をほどこした儒教の経典で、以後、朱子学の根本経典となった『論語』『孟子』『大学』『中庸』の4つの経典を何というか。	四書 (ししょ)
★★★☆☆ 14 □□□	朱子が先人たちの四書解釈を集めて編纂した書物は何か。	『四書集注』(ししゅう)
★★★★★ 15 □□□	明の時代に創始された、朱子学の理論中心的傾向を批判し、直感や実践を重んじた儒学を何というか。	陽明学 (ようめい)
★★★★★ 16 □□□	朱子の理論中心の体系的思想を批判し、理は人間の感情や欲望も含んでいるとした、明代の思想家は誰か。	王陽明（王守仁）(おうようめい おうしゅじん)
★★★★★ 17 □□□	人間の心はそのまま理であり、何が善であるかを知る力を備えているという王陽明の思想を何というか。	心即理 (しんそくり)
★★★★★ 18 □□□	陽明学で、人間に生まれながらに備わっているとされる、物事の善悪を判断する能力を何というか。	良知 (りょうち)
★★★★★ 19 □□□	陽明学で、生まれつき人間に備わっているとされる、善悪を知る能力を発揮することを何というか。	致良知 (ちりょうち)
★★★★★ 20 □□□	人間の心は認識能力である知と実践的能力である行とをあわせもつもので、真の知はかならず行動を生むものだという、王陽明の思想を何というか。	知行合一 (ちこうごういつ)
★★★★★ 21 □□□	王陽明の言葉と書簡を弟子たちがまとめた書は何か。	『伝習録』(でんしゅうろく)

❹ 老荘思想

用語集 p.97〜99

★★★★★ 1 □□□	人為を排して天地自然のままに生きることの大切さを説いた思想で、孔孟の思想と並ぶ中国の代表的思想を何というか。	老荘思想 (ろうそう)
★★★★★ 2 □□□	自然をつらぬく根源的な原理に即して生きることを説いた、春秋・戦国時代末期の思想家で、道家思想の祖とされている人物は誰か。	老子 (ろうし)

★★★★★ **3** □□□	道家の祖とされる人物の著作とされ、道家の根本的な教典とされた書物は何か。	『老子』
★★★★★ **4** □□□	万物がそこから生まれ、そこへと帰っていく根源を老子は仮の名で呼んでいるが、それを何というか。	道（タオ）
★★★☆☆ **5** □□□	万物の根源はそれ自体として存在するために、「自ずから然るもの」という意味で何というか。	自然
★★★★☆ **6** □□□	姿・形をもたないため人間の知性や感覚ではとらえられないという点で、万物の根源を何というか。	無
★★★★★ **7** □□□	すべてにおいて作為を捨て、あるがままの姿である道本来のあり方のことを何というか。	無為自然
★★★★★ **8** □□□	やわらかくしなやかで、控え目で人と争うことのない、道に従った生き方の姿勢を何というか。	柔弱謙下
★★★★☆ **9** □□□	道に従った生き方を、万物を利しながらも争うこともなく、人の嫌がる下をめざす水にたとえた老子の言葉は何か。	「上善は水のごとし」
★★★★★ **10** □□□	大いなる道が見失われているから、人への思いやりや正義が求められるのだという、老子が儒家を批判した言葉は何か。	「大道廃れて仁義あり」
★★★★★ **11** □□□	無為自然と柔弱謙下とを生きる姿勢として、必要最小限のものだけで暮らす小さな国で、のち桃源郷のモデルともなった、老子の理想とする国家を何というか。	小国寡民
★★★★★ **12** □□□	老子の思想を継承し、相対的な世界をこえた無差別・絶対の世界を論じた道家の思想家は誰か。	荘子
★★★★★ **13** □□□	老子の思想を継承した人物の著作で、『老子』と並ぶ道家の根本的な教典とされた書物は何か。	『荘子』
★★★★★ **14** □□□	大小や賢愚といった判断は、人間の都合によって相対的につくられたもので、自然は本来1つのものであり、道の側からみればすべては同じ1つのものである、という荘子の考えを何というか。	万物斉同
★★★★★ **15** □□□	自分が蝶になる夢をみた荘子が、蝶が自分なのか自分が	胡蝶の夢

蝶なのか判然としないという、**万物斉同**の思想を語った
たとえ話を何というか。

★☆☆☆☆
16
□□□
曲がりくねったこぶだらけの、硬くてどうしようもない
木でも、その下で日差しを避けて憩(いこ)うこともできるとい
う、役に立たないものも見方をかえれば役に立つという
荘子の考えを何というか。

無用の用

★★★★★
17
□□□
人為(じんい)を捨てて自然と一体になり、すべてをわけ隔(へだ)てなく
つつみ込み、あるがままの姿で生きる人を何というか。

真人(しんじん)(至人(しじん))

★★★★★
18
□□□
天地自然と一体化し、すべてを受け入れてあるがままに
生きようとする境地を何というか。

逍遙遊(しょうようゆう)

★★★★★
19
□□□
心を清くむなしくして、天地自然と一体となろうとする、
真人となるための修養法を何というか。

心斎坐忘(しんさいざぼう)

★★★★★
20
□□□
老荘思想を中心に、民間信仰や俗信(ぞくしん)などを取り入れて、
漢代の末ごろに成立した宗教で、仏教・儒教と並ぶ中国
三教の1つとされる宗教は何というか。

道教

第7章 **芸術と美**

❶ 美の表現様式／芸術家と芸術作品　　用語集 p.101～105

★★★★★
1
□□□
独自の美的価値を創造しようとする人間固有の活動を何というか。 — 芸術

★★★★☆
2
□□□
芸術が感性においてとらえようとする、人間の心に感動やこころよい感情を生み出す価値を何というか。 — 美

★★☆☆☆
3
□□□
神と自然を一体とみる汎神論的世界観をもち、人間は道徳的・芸術的理想を実現すべきだと考えたドイツの詩人は誰か。 — ゲーテ

★★★★☆
4
□□□
ドイツ・バロック音楽の代表的作曲家で、教会音楽の作曲で有名な人物は誰か。 — バッハ

★★★☆☆
5
□□□
「夜警」などで知られ、「光と影の魔術師」と呼ばれた17世紀のオランダの画家は誰か。 — レンブラント

★☆☆☆☆
6
□□□
人間の深部にある感情や生命の躍動を、鋭い写実的な技法で彫刻に表現したフランスの彫刻家は誰か。 — ロダン

★★☆☆☆
7
□□□
ダンテの『神曲』を題材にした「地獄門」の一部として製作され、のちに独立した作品となった、瞑想する男性を表現したロダンの代表作は何か。 — 「考える人」

★★☆☆☆
8
□□□
輝く太陽に照らされた明るい自然を鮮やかな色彩とうねるようなタッチで描いた、オランダの画家は誰か。 — ゴッホ

★★★☆☆
9
□□□
南太平洋のタヒチの自然と人々を色彩豊かに描くとともに、**「われわれはどこから来たのか、われわれは何者か、われわれはどこへ行くのか」**といった宗教的な題材も描いた、フランスの画家は誰か。 — ゴーギャン

★★☆☆☆
10
□□□
時間がとまったような神秘的な空間に機関車や塔などの「形而上絵画」を描いた、イタリアのシュルレアリスムの画家は誰か。 — キリコ

★★☆☆☆
11
□□□
アフリカの伝統芸術によって新しい方向を見出したのちキュビスムへと向かい、衝撃的な技法を駆使して作品を — ピカソ

制作し続けた20世紀最大のスペインの画家は誰か。

❷ 日本の美と芸術 用語集 p.106〜110

★★★★☆ 1 □□□	花や鳥などによって自然の「雅び」を表現する言葉は何か。	花鳥風月
★★★★☆ 2 □□□	光源氏をめぐる愛と人間模様をつづった紫式部の著作は何か。	『源氏物語』
★★★★☆ 3 □□□	平安時代に醍醐天皇の命によって編纂された勅撰和歌集は何か。	『古今和歌集』
★★★★☆ 4 □□□	この世は絶えず移り変わるものととらえる人生観・世界観を何というか。	無常観
★★★★☆ 5 □□□	無常を感じて武士の身分を捨て、各地を遍歴しつつ歌をよんだ平安末期の歌人は誰か。	西行
★★☆☆☆ 6 □□□	世の無常を感じて50歳で隠遁し、『方丈記』を著した人物は誰か。	鴨長明
★★☆☆☆ 7 □□□	『徒然草』を著した、鎌倉時代から南北朝時代にかけての随筆家は誰か。	兼好法師
★★★★★ 8 □□□	平安時代の田楽や猿楽をもとに、室町時代に生みだされた舞台芸能を何というか。	能（能楽）
★★★★★ 9 □□□	『風姿花伝』によって能楽理論を展開すると同時に、父観阿弥とともに能楽を大成した室町時代の人物は誰か。	世阿弥
★★★★★ 10 □□□	元来、中国禅宗の深淵かつ微妙な様子をあらわす言葉で、世阿弥が能の美的価値であると考えたものは何か。	幽玄
★★★★★ 11 □□□	茶の湯ともいわれ、栄西によって伝えられたとされる茶と喫茶の風習が、一定の作法をもった文化として成立したものを何というか。	茶道
★★★★★ 12 □□□	豪華な書院の茶に対して、簡素な草庵でたしなむわび茶を提唱した安土・桃山時代の茶人は誰か。	千利休
★★★★☆ 13 □□□	元来、もの悲しく心細いさまを意味したが、転じて簡素・静寂を特質とする茶の心とされた美意識を何というか。	わび

★★☆☆☆ **14** ☐☐☐	生涯に一度だけ相見えるという、茶会の心得を何という か。	一期一会 <small>いち ご いち え</small>
★★☆☆☆ **15** ☐☐☐	仏前の供花が観賞用に変化したもので、草花を美しく活 ける技術とその作法を何というか。	生け花(華道)
★★★★☆ **16** ☐☐☐	墨の濃淡や線の強弱によって山水の風景を表現する絵画 を何というか。	水墨画(水墨山水画) <small>すいぼく が すいぼくさんすい が</small>
★★★★★ **17** ☐☐☐	室町時代に活躍した禅僧で、「秋冬山水図」などを描き、 水墨画を大成した人物は誰か。	雪舟 <small>せっしゅう</small>
★★★★★ **18** ☐☐☐	白砂と石組とで閑寂・枯淡な自然を表現した、室町時代 に確立された庭園様式を何というか。	枯山水(石庭) <small>かれさんすい</small>
★★★★★ **19** ☐☐☐	京都の臨済宗龍安寺の枯山水の庭を何というか。	龍安寺の石庭
★★★★★ **20** ☐☐☐	伊賀上野の人で、俳諧に高い文芸性を与えて、独自の俳 風を創始した江戸前期の俳人は誰か。	松尾芭蕉 <small>まつ お ば しょう</small>
★★★★★ **21** ☐☐☐	元来、物質的な欠乏感を示す言葉で、静寂さのなかの枯 淡の境地をあらわす、「わび」と並ぶ芭蕉俳諧の特質をな す美意識を何というか。	さび
★★☆☆☆ **22** ☐☐☐	さっぱりとした洗練された美をあらわし、江戸時代の遊 びの世界における美意識を何というか。	いき
★★☆☆☆ **23** ☐☐☐	念仏踊りなどを基礎として、出雲の阿国によってはじめ られたとされる、歌と舞いと演劇を一体化した舞台芸能 を何というか。	歌舞伎
★★☆☆☆ **24** ☐☐☐	江戸時代に最盛期を迎えた、浄瑠璃の語りにあわせて演 じる人形劇を何というか。	人形浄瑠璃 <small>じょうる り</small>

第1章 近代思想の誕生

❶ ルネサンスの思想

用語集 p.112〜116

★★★★★ **1** □□□	14世紀のイタリアに始まり、16世紀までにヨーロッパ各地に広まった、**ギリシア・ローマの古典文化の復興**をめざす運動を何というか。	ルネサンス
★★★★★ **2** □□□	ヨーロッパ中世の文学・哲学・神学などを統合するとともに、イタリア・ルネサンスの先駆ともなったフィレンツェの詩人は誰か。	ダンテ
★★★★★ **3** □□□	地獄・煉獄・天国の三世界をめぐって魂が浄化される様子を描いた、**ダンテ**の代表作品は何か。	『神曲』
★★★★★ **4** □□□	ギリシア・ローマの古典文化復興の先駆となり、『**カンツォニエーレ**』の作者で知られる人文主義者は誰か。	ペトラルカ
★★★★★ **5** □□□	ペストの流行を契機として、人間のありのままの姿を肯定し、それを作品に残したフィレンツェの文学者・人文主義者は誰か。	ボッカチオ
★★★☆☆ **6** □□□	10人の男女が10日間に1つずつ話をするという形式で、100の話がつづられている**ボッカチオ**の代表作は何か。	『デカメロン』
★★★★★ **7** □□□	ギリシア・ローマの古典のなかに人間性尊重の思想を認め、中世的人間観からの解放を求めた思想を何というか。	人文主義(ヒューマニズム)
★★★★★ **8** □□□	人間性の解放を求める運動は、人間の可能性をも信じ、多彩な分野で能力を発揮する人間を理想としたが、このような人間像を何というか。	万能人(普遍人)
★★★★★ **9** □□□	「**モナ = リザ**」や「**最後の晩餐**」などの芸術作品だけではなく、解剖学や建築学にまで業績を残したルネサンス期の代表的**万能人**は誰か。	レオナルド = ダ = ヴィンチ
★★★★★ **10** □□□	「**ダヴィデ**」像や「**最後の審判**」の絵画やサン・ピエトロ大聖堂の設計など、多方面で活躍したルネサンス期の人物は誰か。	ミケランジェロ
★★★★★ **11** □□□	「**春(プリマヴェラ)**」や「**ヴィーナスの誕生**」を描いた、フ	ボッティチェリ

ィレンツェの画家は誰か。

★★★★★ 12 □□□	多くの聖母子像の画家として知られた、ルネサンス期の天才画家は誰か。	ラファエロ(ラッファエッロ)
★★★★★ 13 □□□	<u>ラファエロ</u>がヴァチカン宮殿内の署名の間に描いた、中央にプラトンとアリストテレスを配したフレスコ画は何か。	「アテネの学堂」
★★★★★ 14 □□□	世界を天界・人間界・動物界にわけ、人間はいずれの世界へも行くことができると説いた、代表的な人文主義者は誰か。	ピコ゠デラ゠ミランドラ
★★★★★ 15 □□□	<u>人間の尊厳</u>は神の世界に行くことも動物となることもできる自発的な意志にあることを説いた、<u>ピコ゠デラ゠ミランドラ</u>の演説草稿は何か。	『人間の尊厳について』
★★★★★ 16 □□□	神から与えられた自発的な意志は、人間の尊厳のもとであると考えられたが、その意志を何というか。	自由意志
★★★★★ 17 □□□	ギリシア・ローマの古典に精通し、硬直化したカトリック教会を痛烈に批判してルターに影響を与えたオランダの人文主義者は誰か。	エラスムス
★★★★★ 18 □□□	世界はおろかな女神に支配されているとして、当時の知識人や聖職者に痛烈な皮肉をあびせかけた<u>エラスムス</u>の著作は何か。	『愚神礼讃(痴愚神礼讃)』
★★★★☆ 19 □□□	理性と自由意志を重んじるエラスムスと、自由意志は罪の原因であるとするルターとのあいだに繰り広げられた論争は何か。	自由意志についての論争
★★★★★ 20 □□□	社会不安を生みだしていた囲い込み運動を批判し、あるべき社会の姿を描いた、イギリスのヘンリ8世の大法官であり人文主義者であった人物は誰か。	トマス゠モア
★★★★★ 21 □□□	私有財産制度のない、平等で平和な「どこにもない」理想社会を描いた<u>トマス゠モア</u>の代表作は何か。	『ユートピア』
★★★★★ 22 □□□	混乱するイタリア統一のために、あるべき君主像を求めて近代政治学の端緒を開いた、フィレンツェの政治家・歴史家は誰か。	マキャヴェリ

★★★★★ 23 □□□	君主は権力の獲得・維持のためには手段を選ぶことなく、権謀術数の限りをつくすべきだとしたマキャヴェリの著作は何か。	『君主論』

❷ 宗教改革

用語集 p.117〜121

★★★★★ 1 □□□	16世紀のヨーロッパに広がった、ローマ・カトリックの腐敗と堕落に対する批判と改革の運動を何というか。	宗教改革
★★★★☆ 2 □□□	カトリック教会に対して、ルター派やカルヴァン派やイギリス国教会などのキリスト教の各宗派を総称して何というか。	プロテスタンティズム(新教)
★★★★★ 3 □□□	カトリック教会に抵抗し抗議した人たちを何というか。	プロテスタント
★★☆☆☆ 4 □□□	14世紀のイギリスでカトリック教会の権力を批判した、宗教改革の先駆者は誰か。	ウィクリフ
★★☆☆☆ 5 □□□	15世紀のボヘミア(チェコ)で教皇権や贖宥状を批判し、火刑に処せられた人物は誰か。	フス
★★★★★ 6 □□□	サン・ピエトロ大聖堂改修工事のため、カトリック教会が発行した、罪に対する罰を免じる証書を何というか。	贖宥状(免罪符)
★★★★★ 7 □□□	カトリック教会が発行した、罪に対する罰を免じる証書に疑問を投げかけ、宗教改革の発端をつくりだしたドイツの神学者は誰か。	ルター
★★★★★ 8 □□□	キリスト者は神のめぐみによって自由な主人であると説いた、ルターの主著は何か。	『キリスト者の自由』
★★★★★ 9 □□□	1517年、ヴィッテンベルク大学付属教会の扉にルターが貼りだした、贖宥状に対する意見書は何か。	『95カ条の論題(95カ条の意見書)』
★★★★★ 10 □□□	パウロの考えを継承し、人は福音を信じることによってのみ義とされるというルターの説を何というか。	信仰義認説
★★★★★ 11 □□□	キリスト教の原点は、ただ神の福音を信じるだけだというルターの言葉は何か。	「信仰のみ」
★★★★★ 12 □□□	信仰のよりどころを教会や聖職者といった外的権威に求めるのではなく、神の言葉が記されている「聖書のみ」に	聖書中心主義

求める立場を何というか。

★★★★★
13
☐☐☐ 信仰においてすべての人は直接神と向きあうのであり、その意味では誰もが神に仕える者であるというルターの考えを何というか。

万人司祭(万人祭司)説(主義)

★★★★★
14
☐☐☐ 聖書中心主義の立場から、一般人にも聖書が読めるようにルターがおこなったことは何か。

聖書のドイツ語訳

★★★★★
15
☐☐☐ 祖国フランスを追われ、ジュネーヴに入って改革を断行し、神の権威にもとづく政治体制を確立した改革者は誰か。

カルヴァン

★★★★☆
16
☐☐☐ 救いは神によってあらかじめ定められているという考えを展開した、**カルヴァン**の主著は何か。

『キリスト教綱要』

★★★★★
17
☐☐☐ 人間の運命や救いは人間の働きかけと関係なく、神によってあらかじめ定められているというカルヴァンの説を何というか。

予定説

★☆☆☆☆
18
☐☐☐ 救われる者と救われない者とは、あらかじめ予定されているとする、カルヴァンの考え方をとくに何というか。

二重予定説

★★★★★
19
☐☐☐ 神に召されて新しい使命や仕事を与えられることを何というか。

召命(天職・ベルーフ)

★★★★★
20
☐☐☐ 各人の職業は神がその人を召してつかせたものであるという、ルターにもカルヴァンにもみられる職業観を何というか。

職業召命観

★★★★☆
21
☐☐☐ 福音主義・予定説・厳格な規律など、カルヴァンの思想にもとづく宗教的立場を何というか。

カルヴィニズム(カルヴァン主義)

★★★☆☆
22
☐☐☐ イギリス国教会の改革を不満とする、イギリスにおける**カルヴィニズム**を何というか。

ピューリタニズム

★★★★★
23
☐☐☐ プロテスタンティズム、とくにカルヴィニズムの勤勉・倹約という特性が、資本主義の精神を生む要因になったと指摘した、**マックス゠ウェーバー**の著作は何か。

『プロテスタンティズムの倫理と資本主義の精神』

★★★☆☆
24
☐☐☐ 職業召命観にもとづく宗教改革の人間観を何というか。

職業人(専門人)

★★★☆☆ **25** □□□	プロテスタントによる改革に対抗して、カトリック教会がおこなった改革運動を何というか。	対抗宗教改革（反宗教改革）
★★★☆☆ **26** □□□	プロテスタントに対抗して海外布教をはかるため、16世紀のスペインに設立されたカトリック教会の伝道集団を何というか。	イエズス会
★★★☆☆ **27** □□□	<u>フランシスコ＝ザビエル</u>たちと<u>イエズス会</u>を設立したスペインの貴族は誰か。	イグナティウス＝ロヨラ

❸ モラリスト 用語集 p.121〜124

★★★★★ **1** □□□	16〜17世紀にかけて、日常生活のなかで鋭い人間観察と内省（ないせい）とによって人間の生き方を探究したフランスの思想家たちを何というか。	モラリスト
★★★★★ **2** □□□	ボルドー市で公職をつとめるかたわら、読書と内省の生活のなかで著述（ちょじゅつ）活動をおこなった、16世紀のフランスの<u>モラリスト</u>は誰か。	モンテーニュ
★★★★★ **3** □□□	人間理性や宗教など、人間に関する様々な問題を自己吟味（ぎんみ）も含めて考察した<u>モンテーニュ</u>の随筆は何か。	『エセー（随想録（ずいそうろく））』
★★★★★ **4** □□□	スコラ哲学の独断を批判しつつ、みずからの知をも振り返って、つねに疑うことを説いたモンテーニュの言葉は何か。	「ク・セ・ジュ（私は何を知っているか）」
★★★★☆ **5** □□□	一般には真理の絶対性を疑問視することを指すが、スコラ哲学の独断に対するモンテーニュの立場を何というか。	懐疑（かいぎ）主義（懐疑論）
★★☆☆☆ **6** □□□	宗教の世界において、みずからが信じている宗教以外の宗教を信じている人を受け入れ、差別や迫害を加えないことを何というか。	寛容（かんよう）
★★★★★ **7** □□□	自然科学者としての目と敬虔（けいけん）なキリスト教徒としての目でもって宇宙と人間をみつめた、17世紀のフランスのモラリストは誰か。	パスカル
★★★★★ **8** □□□	新しい科学的自然観とキリスト教的真理とのあいだの矛盾（むじゅん）のなかで、ゆれ動く人間の心と信仰の問題をつづり、フランス語で思考を意味する題名をもつ<u>パスカル</u>の随筆	『パンセ』

集は何か。

★★☆☆☆ 9 □□□	自分はどこから来て、どこへ行くのかを知らないままに偶然存在していることへの怖れを述べた、パスカルの言葉は何か。	「この宇宙の沈黙は私を震撼させる」
★★★★★ 10 □□□	偉大と悲惨、無限と虚無とのあいだをゆれ動く人間のあり方をパスカルは何というか。	中間者
★★★★★ 11 □□□	人間は宇宙に比べれば弱く小さな存在ではあるが、みずからの卑小さと悲惨さを自覚するがゆえに偉大なのだ、ということを語ったパスカルの言葉は何か。	「人間は考える葦である」
★★☆☆☆ 12 □□□	みずからの有限性から目をそらし、遊びや娯楽などのなかに逃げ込むことをパスカルは何と呼ぶか。	気晴らし
★★★★★ 13 □□□	厳密な推理による論理的思考を特質とする学問的精神をパスカルは何と呼ぶか。	幾何学的精神
★★★★★ 14 □□□	文学や芸術や宗教に関わるような、直感や感性を特質とする精神をパスカルは何と呼ぶか。	繊細の精神
★★☆☆☆ 15 □□□	人間の生には、身体・精神・愛の秩序があるというパスカルの考えを何というか。	3つの秩序
★★☆☆☆ 16 □□□	3つの秩序のうち、権力や快楽にふける人、学問や思索に専念する人、神の恩寵に恵まれた人が、それぞれ生きている秩序を何というか。	身体の秩序・精神の秩序・愛の秩序
★★★★★ 17 □□□	密閉した容器のなかの液体に圧力を加えると、容器内のすべての部分に同じ圧力が加わるという、パスカルのとなえた物理学の原理を何というか。	パスカルの原理

第2章 | 近代の合理的精神

❶ 近代自然科学の誕生

用語集 p.125〜127

★★★★★ **1** □□□	17〜18世紀頃、**観察・仮説・実験**といった科学的方法が確立し、近代科学の諸分野に大きな影響を与えたことを何というか。	科学革命
★★★★★ **2** □□□	ヘレニズム期の**プトレマイオス**によって体系づけられた、地球のまわりを天体が回転しているという中世の宇宙観を何というか。	天動説
★★★★★ **3** □□□	中世までの宇宙観を批判し、地球が太陽のまわりを周期的に回転しているという説を何というか。	地動説
★★★★★ **4** □□□	『**天体の回転について**』によって、地動説を提唱したポーランドの天文学者・聖職者は誰か。	コペルニクス
★★☆☆☆ **5** □□□	**コペルニクス**の説を支持し、神と宇宙とは無限であることで１つであると主張し、火刑となった人物は誰か。	ブルーノ
★★★★★ **6** □□□	惑星は太陽のまわりを楕円軌道を描きながら、一定の法則で回転していると主張したドイツの天文学者は誰か。	ケプラー
★★★★★ **7** □□□	**落体の法則**や慣性の法則などを発見するとともに、望遠鏡で地動説の正しさを証明した天文学者は誰か。	ガリレイ（ガリレオ＝ガリレイ）
★★★★☆ **8** □□□	**ガリレイ**が異端審問所に喚問されるきっかけになった、地動説の正しさを説いた対話形式の著作は何か。	『天文対話』
★★★☆☆ **9** □□□	自然を探究するためには数学が必要だということを表明したガリレイの言葉は何か。	「自然の書物は数学の言葉で書かれている」
★★★★☆ **10** □□□	先行の天文学・力学を集大成して古典力学を確立した、イギリスの物理学者・数学者は誰か。	ニュートン
★★★☆☆ **11** □□□	光学・力学および**万有引力の法則**について書かれた、古典力学に関する彼の代表作は何か。	『プリンキピア（自然哲学の数学的原理）』
★★★★★ **12** □□□	自然現象は物体とその運動からなり、その法則は機械的・数学的な因果関係によって説明できるという、目的	機械論的自然観

論的自然観と対比される考えを何というか。

❷ ベーコン

用語集 p.127〜129、136

★★★★★
1 知識や認識の起源は感覚的な経験にあるとみなす、哲学上の立場を何というか。

経験論

★★★★★
2 スコラ哲学を批判して実験と観察にもとづく科学的知識を重んじ、そのための方法を確立した**イギリス経験論**の祖は誰か。

ベーコン

★★★★★
3 科学的知識確立のために、先入観の排除や学問の方法について記された**ベーコン**の著作は何か。

『ノヴム・オルガヌム（新機関）』

★★★☆☆
4 科学技術がもたらす理想社会を描いたベーコンの著作は何か。

『ニュー・アトランティス（新大陸）』

★★★★★
5 ベーコンが人間の認識をさまたげる先入観・偏見という意味で用いた、「偶像」という原意をもつラテン語を何というか。

イドラ

★★★★★
6 自然の擬人化や錯覚のように、人間に固有の先入観を何というか。

種族のイドラ

★★★★★
7 個人の生い立ちや性向や好みなどから生まれる先入観を何というか。

洞窟のイドラ

★★★★★
8 言語の不完全さや不適切な使用によって生まれる先入観を何というか。

市場のイドラ

★★★★★
9 権威ある学説を無批判に受け入れることからくる先入観を何というか。

劇場のイドラ

★★★★★
10 組織だてられた実験・観察によって事実を集積し、そこから法則・原理を導きだす学問の方法を何というか。

帰納法

★★★★★
11 ベーコンは「<u>自然は服従することによってでなければ征服されない</u>」と考え、実験・観察による知識は自然を征服する力になるという意味の言葉を語ったが、その言葉は何か。

「知は力なり」

★★★★★
12 経験論哲学者**ロック**のいう、何の観念も記されていない、生まれついての精神の状態を何というか。

白紙（タブラ・ラサ）

★★★★☆ 13 ☐☐☐	知覚の経験を存在の根拠としたアイルランド出身の哲学者は誰か。	バークリー
★★★★☆ 14 ☐☐☐	知覚を存在の根拠とした**バークリー**の言葉は何か。	「存在するとは知覚されることである」
★★★★★ 15 ☐☐☐	知覚されたもののほかには、客観的な世界は存在しないとして、経験論を徹底させたイギリスの哲学者は誰か。	ヒューム
★★★★★ 16 ☐☐☐	バークリーは自我を実体と認めたが、経験論を徹底した**ヒューム**は、自我を何と呼んだか。	知覚の束
★★★★★ 17 ☐☐☐	すべてを感覚的印象に還元し、因果法則も知覚の習慣だと論じた、ヒュームの主著は何か。	『人間本性論』

③ デカルト　　　　　　　　　　　　用語集 p.130～133

★★★★☆ 1 ☐☐☐	知識や認識の起源を人間に生まれついて備わっている理性に求める、哲学上の立場を何というか。	合理論
★★★★★ 2 ☐☐☐	スコラ哲学を批判して新たな学問の方法を確立するとともに、近代的自我の発見をももたらした、**大陸合理論**の祖は誰か。	デカルト
★★★★★ 3 ☐☐☐	学問の方法と形而上学・自然学の基礎を論じた**デカルト**の著作は何か。	『方法序説』
★★★★★ 4 ☐☐☐	神と精神の存在証明および物心二元論を論じたデカルトの著作は何か。	『省察』
★★★★★ 5 ☐☐☐	受動的精神としての情念について記した、デカルトの著作は何か。	『情念論』
★★★★★ 6 ☐☐☐	**理性**と同義で、デカルトが「**この世で最も公平に与えられたもの**」と語った、真偽を判別する能力のことを何というか。	良識（ボン・サンス）
★★★★★ 7 ☐☐☐	精神が疑うことなく明瞭に認識していることと、ほかのものとは明瞭に区別されていることを、デカルトは何と呼んだか。	明晰判明
★★★★★ 8 ☐☐☐	疑うことのできない真理を発見するために、方法として	方法的懐疑

いっさいを疑ってみることを何というか。

★★★★★
9
□□□
すべてを疑ってみても、疑いつつある自分は確実に存在しているという、デカルトの<u>哲学の第一原理</u>を示す言葉は何か。

「われ思う、ゆえにわれあり(コギト・エルゴ・スム)」

★★★★★
10
□□□
デカルトが説いた、真理を発見するための規則を総称して何というか。

4つの規則

★★★★☆
11
□□□
明晰判明なもののみを真と認めること、問題を小さな要素にまで分割すること、単純なものから複雑なものへと順序立てて認識していくこと、見落としがないかを確認すること、というそれぞれの規則を何というか。

明証(明証性)の規則・分析の規則・総合の規則・枚挙の規則

★★★★★
12
□□□
一般的な原理を前提として、そこから推論によって論理的に結論を導く学問の方法を何というか。

演繹法

★★★★★
13
□□□
思惟を属性とする**精神**と、**延長**を属性とする**物体**とは異なる原理にもとづく実体であると考える思想を何というか。

物心(心身)二元論

★★★☆☆
14
□□□
それ自身で存在し、ほかの何ものをも必要としないもののことを、デカルトは何と呼んだか。

実体

★★★★★
15
□□□
神や善悪など、人間が生まれつきもっているとされる観念を何というか。

生得(本有)観念

★★★★☆
16
□□□
みずからの存在を神を根拠とせず、自分を自分と認識する意識主体にほかならないとする、デカルトによって発見された自我を何というか。

近代的自我

★★★☆☆
17
□□□
デカルトが能動的精神に対して受動的精神とみなした、驚きや憎しみや欲望などを総称して何というか。

情念

★★★★★
18
□□□
良識によって**情念**を統御できる、自由で気高い精神のあり方をデカルトは何と呼んだか。

高邁の精神

★★★★★
19
□□□
精神と物体とは2つの異なる実体ではなく、ともに唯一の実体である神の属性にすぎないと考えた、オランダの哲学者は誰か。

スピノザ

★★★★★
20
□□□
神の存在や人間の精神や感情の本性などについて、幾何

『エチカ』

学的秩序に従って論証した、**スピノザ**の主著は何か。

★★★★★
21
□□□ この世界のすべてのものは神のあらわれであり、神と世界は1つであるとする思想を何というか。 | 汎神論 (はんしんろん)

★★★★★
22
□□□ 自然を無限の実体である神のあらわれとする、スピノザの言葉を何というか。 | 「神即自然」

★★★★★
23
□□□ 永遠の神のあらわれである万物を、神によって必然的に定められたあらわれとして直観することを示すスピノザの言葉は何か。 | 「永遠の相のもとに」

★★★★★
24
□□□ 宇宙は精神的実体の働きによる調和のなかにあるという論を展開した、ドイツの哲学者は誰か。 | ライプニッツ

★★★★★
25
□□□ **ライプニッツ**は、宇宙を構成するのは不可分で非物質的な精神的実体と考えたが、この実体のことを何というか。 | モナド(単子) (たんし)

★★★★★
26
□□□ 無数の**モナド**のあいだには、神によってあらかじめ調和的な関係が定められているという、ライプニッツの説を何というか。 | 予定調和(予定調和説)

★★★★★
27
□□□ **予定調和説**を述べたライプニッツの主著は何か。 | 『単子論(モナドロジー)』

第3章	近代民主主義の精神

❶ 社会契約説の登場

用語集 p.134〜135

★★★★★
1 □□□
17世紀、イギリスの**フィルマー**やフランスの**ボシュエ**などによって説かれた、王の権力は神から授かったものだという思想を何というか。 | 王権神授説（しんじゅ）

★★★☆☆
2 □□□
17〜18世紀のヨーロッパ各国におこった、<u>絶対王政</u>打倒のための政治変革を何というか。 | 市民革命

★★★★★
3 □□□
17世紀半ばのイギリスで、チャールズ1世の暴政（ぼうせい）に対して、クロムウェルを指導者としておこなわれた革命を何というか。 | ピューリタン（清教徒（せいきょうと）)革命

★★★★★
4 □□□
ジェームズ2世の専制（せんせい）とそのカトリック政策に反対して、1688〜89年におこなわれた革命を何というか。 | 名誉革命（めいよ）

★★★★★
5 □□□
人間の本性（ほんせい）である理性に根拠（こんきょ）をおく普遍（ふへん）的な法で、絶対王政批判の理論的武器となった概念を何というか。 | 自然法

★★★★★
6 □□□
<u>自然法</u>を基礎として、歴史的・人為（じんい）的に定められた具体的な法を何というか。 | 実定法

★★★★★
7 □□□
自然法を一般の法体系の上に基礎づけようとした、「近代自然法の父」「国際法の父」と呼ばれるオランダの法学者は誰か。 | グロティウス

★☆☆☆☆
8 □□□
ドイツ三十年戦争の反省から生まれた、国際法に関する<u>グロティウス</u>の著作は何か。 | 『戦争と平和の法』

★★★★☆
9 □□□
<u>自然法思想</u>を背景として、国家の成立を個人の自由意志にもとづく相互契約におく思想を何というか。 | 社会契約説

★★★★★
10 □□□
<u>社会契約説</u>によって想定される、国家が成立する以前の状態を何というか。 | 自然状態

★★★★★
11 □□□
<u>自然状態</u>の人間が有していたとされる権利のことで、現代の基本的人権に相当する権利を何というか。 | 自然権

❷ ホッブズ

用語集 p.135

★★★★★
1
□□□ 自然法思想を基礎に社会契約説による国家の成立を論じ、自然権の譲渡と王権の絶対性を説いて専制君主制の存在を認めたイギリスの思想家は誰か。

ホッブズ

★★★★★
2
□□□ 自分の生命を維持・保存しようとすることで、<u>ホッブズ</u>によって自然権とされた権利を何というか。

自己保存の欲求

★★★★★
3
□□□ 能力において平等につくられている人間が、共通の権力が存在しない自然状態において、自己の権利を守ろうとしておちいる状態を示すホッブズの言葉は何か。

「万人の万人に対する戦い（万人の万人に対する闘争）」

★★★☆☆
4
□□□ 「<u>万人の万人に対する戦い</u>」と同じ意味をもつ、たがいがたがいを自分が生き残るための餌とみなす言葉は何か。

「人間は人間に対して狼」

★★★★★
5
□□□ 自然状態の混乱を収拾するために、各人が国家に自然権をすべて引き渡すことを何というか。

譲渡

★★★★★
6
□□□ すべての権利を譲渡されて強大な権力をもつようになった国家を、聖書に描かれた怪物の名にたとえたホッブズの著作は何か。

『リヴァイアサン』

❸ ロック

用語集 p.134、136〜138、140

★★★★★
1
□□□ イギリス経験論の先駆者であり、認識論においては精神白紙説をとなえ、政治論においては社会契約説にもとづいて名誉革命を支持したイギリスの思想家は誰か。

ロック

★★★★★
2
□□□ 王権神授説を批判し、社会契約説を展開した彼の主著は何か。

『統治二論（市民政府二論）』

★★★★★
3
□□□ 生得観念を否定し、すべての認識は感覚的経験から生まれることを説いたロックの著作は何か。

『人間知性論』

★★★★☆
4
□□□ 自然状態においてロックは、生命・自由・財産に対して権利をもつと考えたが、その権利とは何か。

所有権

★★★★★
5
□□□ 自由意志にもとづく契約によって成立した政府が、人々の信任を得て自然権をゆだねられることを何というか。

信託（委託）

★★★★☆ 6 □□□	国家の意志決定権は国民にあるということを何というか。	人民主権(主権在民・国民主権)
★★★★☆ 7 □□□	ロックは執行権(行政権)と連合権(外交権)をもつ君主を、立法権をもつ議会が統御する立憲君主制を説いたが、その議会は国民の代表で構成されるとした。この制度を何というか。	議会制民主主義
★★★★★ 8 □□□	国民の信頼に反して政府が権力を乱用するとき、自然権の信託を破棄して政治体制を変更できる権利のことを、ロックは何と呼んだか。	抵抗権(革命権)
★★★★★ 9 □□□	ロックの思想を反映して公布された、近代自由権の集大成といわれるフランス革命期の権利宣言を何というか。	フランス人権宣言
★★★★☆ 10 □□□	ロックの抵抗権の思想を反映した、アメリカ独立革命期の宣言を何というか。	アメリカ独立宣言

❹ 啓蒙主義

用語集 p.138〜139

★★☆☆☆ 1 □□□	フランス革命前の絶対王政下における、多くの矛盾をかかえた古い社会体制を、フランス語で何というか。	アンシャン・レジーム
★★★★★ 2 □□□	無知にもとづく因習や偏見などの不合理に理性の光を当て、人間の解放をはかろうとする、17世紀後半から18世紀にかけての思想潮流を何というか。	啓蒙思想(啓蒙主義)
★★★★★ 3 □□□	ロックの影響を受け、国家権力を独立の機関に分散することを説いたフランスの啓蒙思想家は誰か。	モンテスキュー
★★★★★ 4 □□□	権力の分散と独立について書かれたモンテスキューの主著は何か。	『法の精神』
★★★★☆ 5 □□□	立法・行政・司法の3つの権力を独立の機関に分散することを何というか。	三権分立
★★★★★ 6 □□□	自然科学的な知見に立って、宗教的不寛容や学問的独断を厳しく批判し、宗教的寛容を主張した、フランスの代表的啓蒙思想家は誰か。	ヴォルテール
★★★☆☆ 7 □□□	政治や宗教の自由、科学的精神の重要性を説いてフランス社会の現実を批判したヴォルテールの主著は何か。	『哲学書簡』

★★★★★ **8** □□□	広範な分野の学問・技術・芸術に関する知識を集めた、フランス啓蒙期の百科事典は何か。	『百科全書』
★★★★★ **9** □□□	唯物論的立場から無神論を説いて投獄されたこともある、生涯を『百科全書』の編纂にささげた思想家は誰か。	ディドロ
★★★★☆ **10** □□□	ディドロとともに『百科全書』の編纂にあたった数学者・物理学者は誰か。	ダランベール

❺ ルソー

用語集 p.140～142

★★★★★ **1** □□□	文明の社会悪を批判し、自然状態にあった自由で平等な社会を理想として、独自の社会契約説を展開したフランス啓蒙期の思想家は誰か。	ルソー
★★★★★ **2** □□□	文明社会における暴力と不平等が、私有財産制度の発生に原因があることを論じたルソーの著作は何か。	『人間不平等起源論』
★★★★★ **3** □□□	社会全体の福祉を実現するために、市民相互の平等な自由意志によって契約を結び、国家を成立させるという考えを述べた、ルソーの代表的著作は何か。	『社会契約論』
★★★★★ **4** □□□	ルソーが、自然状態において人間がもっている基本的な2つの感情と考えたものをそれぞれ何というか。	自己愛・あわれみ（思いやり）
★★★★★ **5** □□□	ルソーが、自由で平等な自然状態に帰ることを求めた言葉は何か。	「自然に帰れ」
★★☆☆☆ **6** □□□	人間が自然状態でもっていたとされる自由を何というか。	自然的自由
★★☆☆☆ **7** □□□	自然的自由を捨てて、契約によって獲得する自由を何というか。	市民的自由（道徳的自由）
★★★★★ **8** □□□	個人的な欲求を満たそうとする意志のことを何というか。	特殊意志
★★★★★ **9** □□□	個人的欲求を集めて、人数的に多数の人々の欲求となった意志を何というか。	全体意志
★★★★★ **10** □□□	つねに社会全体の福祉や幸福をめざそうとする普遍的な意志のことを何というか。	一般意志

66　第3章 近代民主主義の精神

★★★★★
11
□□□ ルソーが理想とした、主権者である一般市民が直接に政 | 直接民主制(直接民
治に参加する政治制度を何というか。 | 主主義)

★★★★☆
12
□□□ 現代では国民主権といわれる言葉は、ルソーの思想では | 人民主権
何というか。

★★★★★
13
□□□ 自由・平等・友愛の理念を掲_{かか}げ、絶対王政打倒をめざし | フランス革命
ておこなわれた、1789年の革命を何というか。

★★★★★
14
□□□ <u>フランス革命</u>中に発せられた、自然権の保障、人民主権、 | フランス人権宣言
三権分立などをうたった宣言を何というか。

第4章 **近代市民社会の倫理**

❶ カント

用語集 p.143〜149

★★★★★ **1** ☐☐☐	ドイツを中心に展開した、世界と人間のあり方を精神的な理念あるいは観念によって論じる、カントからヘーゲルに至るドイツ哲学の潮流を何というか。	ドイツ観念論
★★★★★ **2** ☐☐☐	経験論と合理論を批判的に統合するとともに、科学的認識と道徳的実践をもきびしく区別したドイツの哲学者は誰か。	カント
★★★★★ **3** ☐☐☐	理性の能力を吟味し、理性がおよぶ領域を限界づけた、カントの認識論における代表的著作は何か。	『純粋理性批判』
★★★★★ **4** ☐☐☐	理論的領域では限界をもつ理性が、実践の領域ではどのような意義をもつのかを検討した、カントの著作は何か。	『実践理性批判』
★★★★★ **5** ☐☐☐	理性と感性を調和させる働きとして、美的な判断力や目的論的な判断力について論じた、カントの三批判書の1つは何か。	『判断力批判』
★★★☆☆ **6** ☐☐☐	通俗的な道徳哲学に対して道徳の基本原則を確立し、『実践理性批判』の導入ともなった、カントの著作は何か。	『道徳形而上学の基礎づけ(道徳形而上学原論・人倫の形而上学の基礎づけ)』
★★★☆☆ **7** ☐☐☐	カントは、経験によらない形而上学やイデアのような理性的な観念を否定したヒュームに影響を受け、めざめさせられたと語ったが、このことを表現した言葉は何か。	「独断のまどろみ」
★★★★★ **8** ☐☐☐	理性による理性そのものへの批判をおこなった、カントの学問的立場あるいはその哲学を何というか。	批判哲学(批判主義)
★★★★☆ **9** ☐☐☐	事物を感覚的・直観的に刺激として受け取る能力を何というか。	感性
★★★★★ **10** ☐☐☐	感性が受け取った対象を、思考の枠組み(カテゴリー)によってまとめる能力のことを何というか。	悟性
★★★★★ **11** ☐☐☐	感性・悟性によってとらえられた表象を、客観的な認識	理性

へと統一していく心の働きを何というか。

★★★★★ 12 ☐☐☐	因果関係によって生起する自然界の事物のみを対象とする、人間の認識能力のことをカントは何と呼んだか。	理論理性
★★★★★ 13 ☐☐☐	対象が意識を規定するのではなく、意識が対象を規定するのだという、カントの認識における一大転換を何というか。	コペルニクス的転回
★★★★★ 14 ☐☐☐	コペルニクス的転回を語ったカントの言葉は何か。	「認識が対象に従うのではなく、対象が認識に従う」
★★★★★ 15 ☐☐☐	事物の本質や意味内容をまとめたものを何というか。	概念
★★★★★ 16 ☐☐☐	直観と思考がともになければ認識は成立しないとして、カントが経験論・合理論を批判した言葉は何か。	「内容なき思考は空虚であり、概念なき直観は盲目である」
★★★☆☆ 17 ☐☐☐	2つの法則や命令が、たがいに妥当性をもちつつも、矛盾もしている状態を何というか。	二律背反（アンチノミー）
★★★★★ 18 ☐☐☐	経験に先立つ生得的なものをカントは何と呼んだか。	アプリオリ（先天的）
★★★★★ 19 ☐☐☐	現象があらわれてくる起源で、認識はできず、思惟することしかできないものを何というか。	物自体
★★★★★ 20 ☐☐☐	理論的認識をこえた行為の問題に関して、みずから法則を立ててみずからの意志に命令をくだす理性のことを何というか。	実践理性
★★★★★ 21 ☐☐☐	実践理性がみずから打ち立てる、あらゆる理性的存在者に普遍的に妥当する道徳上の法則、規則のことを何というか。	道徳法則（道徳律）
★★★★★ 22 ☐☐☐	「もし～ならば、…せよ」というような条件つきの命令で、条件に拘束されているので普遍性をもたず、道徳法則とはなりえない命令を何というか。	仮言命法（仮言命令）
★★★★★ 23 ☐☐☐	「…せよ」という形式のみで、行為の具体的内容をもたないために普遍性をもつ無条件の命令を何というか。	定言命法（定言命令）

★★★★★ 24 □□□	個人的な行為の基準あるいは原則が、誰にでも妥当する法則として成り立つように行為せよと命じる、カントの道徳法則の原理を示す言葉は何か。	「あなたの意志の格率が、つねに同時に普遍的立法の原理となるように行為せよ」
★★★★★ 25 □□□	個人的な行為の基準あるいは原則のことを、カントは何と呼んだか。	格率
★☆☆☆☆ 26 □□□	表面的には道徳的にみえるが、道徳法則に対する義務の念からおこなわれたのではない行為の性格を何というか。	適法性
★☆☆☆☆ 27 □□□	道徳法則に対する尊敬と義務の念からおこなわれた行為の性格を何というか。	道徳性
★★★★★ 28 □□□	「善いからおこなう」という、善への純粋な意欲を動機とする意志を何というか。	善意志
★★★★★ 29 □□□	善なる意志にもとづく行為を重視する考えで、道徳性の基準を行為の結果ではなく動機におく倫理的立場を何というか。	動機説(動機主義)
★★★★★ 30 □□□	道徳法則に対する尊敬を動機とし、その命令に従うことを何というか。	義務
★★★★★ 31 □□□	他者からの何の働きかけもなく、みずからが打ち立てた行為の原則にみずからが従うことを何というか。	自律
★★★★★ 32 □□□	みずからが立法した道徳法則に自律的に従うことを、カントは何と呼んだか。	自由
★★★★★ 33 □□□	自他の人格のうちにある人間性を、いつも同時に目的として扱うことを命じた、カントの道徳法則の原理を示す言葉は何か。	「あなたの人格およびほかのすべての人の人格のうちにある人間性を、つねに同時に目的として扱い、けっしてたんに手段としてのみ扱わないように行為せよ」
★★★★★ 34 □□□	カント倫理学の中心概念である、自律的で自由な道徳的	人格

主体のことを何というか。

★★★★★
35
□□□
自然界の法則と人間界の道徳法則を畏敬（い けい）してやまないという、『実践理性批判』の結びの言葉で、カントの墓碑銘（ぼ ひ めい）でもある言葉は何か。

「わが上なる星の輝く空と、わが内なる道徳法則」

★★★★★
36
□□□
人々が相互の人格を目的としあうような、理想的社会を何というか。

目的の王国

★★★★★
37
□□□
各人がたがいを目的とする理想社会を国際社会にまで拡大し、国際平和機関の必要性を説いたカントの著作は何か。

『永遠平和のために』

★★★★☆
38
□□□
カントの理論理性と実践理性の二元論を批判的に統一し、認識主観である自我が客観的対象をも生みだすと説いたドイツの哲学者は誰か。

フィヒテ

★★☆☆☆
39
□□□
自我を絶対的な哲学の原理とする**フィヒテ**の学問を何というか。

知識学

★★★★☆
40
□□□
すべての対立をこえた絶対者において、自然と精神の対立を統一しようとしたドイツの哲学者は誰か。

シェリング

★★☆☆☆
41
□□□
スピノザの影響を受けて、主観と客観、精神と自然は同一であり、すべては絶対者のあらわれとする**シェリング**の自然観を何というか。

汎神論的自然観（はんしんろん）

❷ ヘーゲル

用語集 p.149〜152

★★★★★
1
□□□
人間の本質を精神ととらえ、世界と歴史は精神が自己を展開していく場と過程であると考えた、ドイツ観念論哲学の大成者（たいせいしゃ）は誰か。

ヘーゲル

★★★★★
2
□□□
精神が感覚から絶対知に至るまでの過程を描いた**ヘーゲル**の代表作は何か。

『精神現象学』

★★★★★
3
□□□
社会的諸関係を自由な精神の自己展開という立場から、主観的精神としての道徳と客観的精神の法とを統合した人倫（じんりん）を、さらに家族・市民社会・国家へと統合していく過程として体系化した、ヘーゲルの代表的著作は何か。

『法の哲学』

★★★★★
4
□□□
存在するものが**矛盾**（む じゅん）・**対立**のなかで変化・発展していく

弁証法（べんしょうほう）

法則のことを何というか。

---

5 ★★★★★
□□□
あるものが肯定され、つぎにそれを否定するものが生まれ、さらにこの両者がより高い次元で統合されるという、弁証法の発展過程の各段階を何というか。

正・反・合(テーゼ・アンチテーゼ・ジンテーゼ)

---

6 ★★★★★
□□□
弁証法の最後の段階で、対立するものをより高次の次元で統合することを何というか。

止揚(アウフヘーベン)

---

7 ★★★★★
□□□
自己を対象化する自己外化によって、主観的段階・客観的段階を経てみずからに還帰する、すべての存在の原理をヘーゲルは何と呼んだか。

精神

---

8 ★★★★★
□□□
存在するすべてのものの発展過程の全体を包括する絶対的存在者をヘーゲルは何と呼んだか。

絶対精神

---

9 ★★☆☆☆
□□□
絶対精神が歴史のなかに自己を展開していくとき、その精神を何というか。

世界精神

---

10 ★★★★☆
□□□
世界精神が歴史上の人物の行動を通して、自由を実現していくことをヘーゲルは何と呼んだか。

理性の狡知(理性の狡智)

---

11 ★★★★★
□□□
ヘーゲルが、世界史と自由の関係を表現した言葉は何か。

「世界史は自由の意識の進歩である」

---

12 ★★★★★
□□□
自由の実現を本質とする精神が、主観的・内的なものとしてあらわれる場合を何というか。

道徳

---

13 ★★★★★
□□□
自由の実現を本質とする精神が、客観的・外的な強制力をもつものとしてあらわれる場合を何というか。

法

---

14 ★★★★★
□□□
主観的・内的な自由である道徳と客観的・外的な自由である法とを、より高い次元で統合した段階を何というか。

人倫

---

15 ★★★★★
□□□
人倫のなかで各人が個人としての自覚をもたず、愛情によって結ばれている集団を何というか。

家族

---

16 ★★★★★
□□□
人倫のなかで独立した個人が自己の欲望を満たすために、契約によって成立させた相互依存と競争で成り立つ集団を何というか。

市民社会

---

17 ★★★★★
□□□
ヘーゲルは、市民社会を人々が欲望を満たすための経済活動をする場であるとして何と呼んだか。

欲望の体系

★★★★★ 18 □□□	ヘーゲルは、市民社会を利益追求のための競争がおこなわれ、家族の結びつきが失われている場であるとして何と呼んだか。	人倫の喪失態
★★★★★ 19 □□□	家族と市民社会とをより高い次元で統合して、自由を実現させる集団を何というか。	国家
★★★★★ 20 □□□	国家は、家族の共同性と市民社会の独立性をより高い立場で統合しているという点で何というか。	人倫の最高形態(人倫の完成態)
★★★★☆ 21 □□□	現実に存在するものは理性の自己展開のあらわれであるとする、ヘーゲルの言葉は何か。	「理性的なものは現実的なものであり、現実的なものは理性的である」

❸ 功利主義　　用語集 p.152〜155

★★★★★ 1 □□□	18世紀後半のイギリスに始まった、工場制手工業から機械制工業への発達にともなう、経済・社会上の大変革を何というか。	産業革命
★★★★★ 2 □□□	自由主義経済の理論的基礎づけをおこなうとともに、道徳における感情の重要性を論じた、イギリス古典経済学派の学者は誰か。	アダム＝スミス
★★★★★ 3 □□□	道徳的な善悪の評価を決める、人間相互に共有される感情をアダム＝スミスは何と呼んだか。	共感
★★★★☆ 4 □□□	アダム＝スミスは利己心を認める一方で、道徳的判断の基準として、内面にある第三者の共感を重視した。この第三者を何というか。	公平(中立公正)な観察者
★★☆☆☆ 5 □□□	経済活動は各人の利己心に任せておく方がよいとする、古典派経済学の基本的な考えを何というか。	自由放任(レッセ・フェール)
★★★★★ 6 □□□	自由な経済活動は価格を自動的に安定させるという、アダム＝スミスの考えを示す言葉は何か。	「見えざる手」
★★★★☆ 7 □□□	労働価値説と自由放任主義を説いた、アダム＝スミスの主著は何か。	『諸国民の富(国富論)』
★★★★★ 8 □□□	同情心や共感といった感情が道徳の基本原理であると説	『道徳感情論』

く、アダム＝スミスの著作は何か。

★★★★★
9 □□□ 幸福や快楽をもたらす行為は善であり、その反対は悪であるという、19世紀のイギリスで有力となった倫理・政治学説を何というか。 | 功利主義（こうり）

★★★★★
10 □□□ 利益や幸福を増大させることに役立ち、損害や不幸を減少させる性質を何というか。 | 功利（功利性）

★★★★★
11 □□□ 人間は快楽を求め苦痛を避ける傾向性をもち、その快苦（かいく）も数量的に計算できると考え、独自の倫理学を説いたイギリスの哲学者・法学者は誰か。 | ベンサム

★★★★★
12 □□□ 功利主義の考えを立法に反映しようと著された（あらわ）、ベンサムの著作は何か。 | 『道徳および立法の諸原理序説』

★★★☆☆
13 □□□ 幸福とは快楽の増大あるいは苦痛の減少であり、快楽を増大させるものが善であるという原理・原則を何というか。 | 功利（功利性）の原理

★★★★☆
14 □□□ 功利の原理を述べた『道徳および立法の諸原理序説』の冒（ぼう）頭（とう）の言葉は何か。 | 「自然は人類を苦痛と快楽という、二人の主権者の支配のもとにおいてきた」

★★☆☆☆
15 □□□ 快楽や苦痛は量的に計算可能であるとする功利主義の立場を何というか。 | 量的功利主義

★★★★★
16 □□□ 快楽を一定の基準にもとづいて数的に計算することを何というか。 | 快楽計算

★★★★★
17 □□□ 快楽も限度をこえると苦痛となり、それが人間の行為に制約を与えているが、この制約を何というか。 | 制裁（サンクション）

★★★★★
18 □□□ 制裁のうち、のどの渇き（かわ）をいやす水も飲みすぎると腹痛となるような場合を何というか。 | 物理（自然）的制裁

★★★★★
19 □□□ 制裁のうち、困っている人を見過ごしにしたときに叱責（しっせき）を受けるような場合を何というか。 | 道徳的制裁

★★★★★
20 □□□ 制裁のうち、法律を守らなかったときに罰を受けるような場合を何というか。 | 法律（政治）的制裁

★★★★★

21 □□□ 制裁のうち、神への信仰を失いかけたときに不安に襲われるような場合を何というか。 — 宗教的制裁

★★★★★

22 □□□ 社会全体の幸福が最大となるのは、個々人の幸福の総計としての幸福が最大になるときであるというベンサムの言葉は何か。 — 「最大多数の最大幸福」

★★☆☆☆

23 □□□ ベンサムが構想した、刑務所における一望監視施設のことを何というか。 — パノプティコン

★★★★★

24 □□□ 貧困が深刻化するイギリス社会にあって、ベンサムの量的功利主義を批判して、快楽に質的差異のあることを主張した、イギリスの経済学者・哲学者は誰か。 — J. S. ミル

★★★★★

25 □□□ 功利主義の量から質への移行が語られているミルの代表作は何か。 — 『功利主義』

★★★★★

26 □□□ 個性をのばすことが幸福に結びつくと考え、そのための自由の大切さを説いたミルの著作は何か。 — 『自由論』

★★★☆☆

27 □□□ 快楽には高貴なものと低劣なものとの質的な差があるとする、ミルの功利主義の立場を何というか。 — 質的功利主義

★★★★★

28 □□□ 量的に満たされなくとも質的に満たされていれば、その方が幸福であるとする、ミルの質的功利主義の立場を表明した有名な言葉は何か。 — 「満足した豚であるよりは、不満足な人間である方がよく、満足した愚か者であるよりは、不満足なソクラテスである方がよい」

★★★★☆

29 □□□ ベンサムの制裁が外的な側面が強かったのに対して、ミルが内的制裁として重視したものは何というか。 — 良心

★★☆☆☆

30 □□□ 多数者が一部の人々の意見や個性を抑圧することを、ミルは何と呼んだか。 — 多数者の専制

★★★★★

31 □□□ 他者に迷惑や危害を与えない限り、人は愚行であっても、自由に自分の幸福を求めることができるという原則を何というか。 — 他者危害の原則

★★★★☆

32 □□□ 性別は、背丈や髪の色と同様に、政治的権利とまったく — 女性参政権

無関係であるとして、ミルが実現させようとした女性の
権利は何か。

④ 実証主義と進化論

用語集 p.156〜158

★★★★★ 1 □□□	経験的に確認できる事実だけを学問的知識として認め、社会科学の発展に貢献した思想的立場を何というか。	実証主義
★★★★★ 2 □□□	人間の知識の発達を動的な観点から三段階の法則として説くとともに、実証的な学問としての社会学を提唱したフランスの社会学者は誰か。	コント
★★★☆☆ 3 □□□	実証主義を展開したコントの主著は何か。	『実証哲学講義』
★★★★★ 4 □□□	三段階の法則のうち、知識の成立を神などを想定する段階、抽象的な原理によって説明する段階、実験や観察などによって実証的にとらえる段階を、コントはそれぞれ何と呼んだか。	神学的段階・形而上学的段階・実証的段階
★★☆☆☆ 5 □□□	人間の知識の発達の段階を社会の進歩と関連させ、聖職者と軍人が支配する段階、哲学者と法律家が支配する段階、科学者と産業家の支配する段階にわけて、コントはそれぞれ何と呼んだか。	軍事的段階・法律的段階・産業的段階
★★★★★ 6 □□□	「ビーグル号」による南米ガラパゴス諸島での観察から、生物進化の理論を導きだし、『種の起源』に発表したイギリスの博物学者は誰か。	ダーウィン
★★★★★ 7 □□□	生物の種は下等なものから高等なものへと発展し、自然環境に適応できた種がその形質を子孫に伝えながら発展してきたという理論を何というか。	進化論(生物進化論)
★★★★★ 8 □□□	自然界で環境に適合したものが生き残るという、適者生存のあり方を何というか。	自然選択(自然淘汰)
★★☆☆☆ 9 □□□	社会を生物的な有機体とみなす学説を何というか。	社会有機体説
★★★★★ 10 □□□	社会有機体説から、社会も単純な社会から複雑な社会へと進化していくという考えを説いたイギリスの哲学者・社会学者は誰か。	スペンサー
★★★★★ 11 □□□	強制的な軍事型社会から自発的な産業型社会へと進化す	社会進化論

るという、**スペンサー**の理論を何というか。

❺ 生の哲学

用語集 p.158〜159

★★☆☆☆
1
□□□ 世界は理性によってとらえきれない生命的な力によって形成されているとする哲学を何というか。

生の哲学

★★★★★
2
□□□ 固定的な物質をとらえる科学的な知性に対して、流動する生の流れを直観する哲学を説いたフランスの哲学者は誰か。

ベルクソン

★★☆☆☆
3
□□□ 時計のような分割され計測されるような時間ではなく、意識に直接与えられる時間を**ベルクソン**は何と呼んだか。

純粋持続

★★★★★
4
□□□ 創造的な進化をもたらす根源的な生命の力をベルクソンは何と呼んだか。

生の躍動(エラン・ヴィタール)

★★★★☆
5
□□□ **生の躍動**が人類全体をつつむような方向に向かうとき、それを何というか。

愛の躍動(エラン・ダムール)

★★★★★
6
□□□ 家族や国家の枠組みをこえて、人類愛にもとづいて形成される社会と、家族や国家など集団の防衛本能にもとづいて形成される社会を、それぞれ何というか。

開かれた(開いた)社会・閉じた社会

★★★☆☆
7
□□□ 生の躍動によって多様に進化する世界のあり方を説いた、ベルクソンの著作は何か。

『創造的進化』

現代の人間と社会──現代思想

第IV部

第1章 **社会主義思想**

❶ 空想的社会主義 用語集 p.162〜163

★★★★☆
1
□□□ <u>私有財産制</u>と経済活動の自由を原則とした社会・経済体
制を何というか。 | 資本主義

★★★★★
2
□□□ 個人の財産権や経済活動を制限し、<u>生産手段の公有化</u>に
よって経済の計画化をおこない、労働者階級の経済的平
等をはかる思想を何というか。 | 社会主義

★★★★★
3
□□□ 資本主義社会の矛盾（むじゅん）を批判しながらも科学的解明をおこ
なわず、人道主義的立場からのみ問題の解決をはかろう
としたと批判された、初期の<u>社会主義</u>を何というか。 | 空想的社会主義

★★★★★
4
□□□ スコットランドの紡績（ぼうせき）工場における労働条件の改善や工
場法制定などに尽力した、イギリスの社会主義者は誰か。 | オーウェン

★★★★☆
5
□□□ <u>オーウェン</u>がアメリカに創設した、理想的な自給的協同
社会を何というか。 | ニューハーモニー村

★★★★★
6
□□□ 資本家・科学者・労働者など「産業者」の協同の上に成り
立つ理想社会を説いた、フランスの社会主義者は誰か。 | サン゠シモン

★★★★★
7
□□□ フランス革命を経験するなかで、資本主義の無政府性と
諸矛盾を鋭く批判し、独自の理想社会を構想したフラン
スの社会主義者は誰か。 | フーリエ

★★★☆☆
8
□□□ <u>フーリエ</u>が構想した、農村的協同組合を基礎とした理想
社会を何というか。 | ファランジュ

❷ マルクス 用語集 p.163〜168

★★★★☆
1
□□□ 資本主義社会の構造と機能を科学的に分析し、労働者階
級の歴史的使命と社会主義革命の必然性を説く社会主義
を何というか。 | 科学的社会主義

★★★★★
2
□□□ 資本主義社会の科学的分析と労働者の歴史的使命を明ら
かにし、プロレタリア革命の必然を論じたドイツの哲学
者・経済学者は誰か。 | マルクス

★★★★★
3
□□□
資本主義経済における生産・流通・分配のあり方を分析し、そこに労働の搾取を見出し、社会主義革命の道を探ろうとした**マルクス**の代表的著作は何か。 — 『資本論』

★★★★★
4
□□□
労働の疎外について考察した、マルクスの青年時代の草稿は何か。 — 『経済学・哲学草稿』

★★☆☆☆
5
□□□
唯物史観について論じ、経済的社会の諸時期を、アジア的・古代的・封建的・近代ブルジョワ的に区分けしたマルクスの著作は何か。 — 『経済学批判』

★★★☆☆
6
□□□
各階級の政治的な立場を示すイデオロギーの成立を考察した、マルクスとエンゲルスの共著は何か。 — 『ドイツ・イデオロギー』

★★★★★
7
□□□
終生マルクスを援助し、『空想から科学へ』を著して科学的社会主義の確立に貢献した経済学者は誰か。 — エンゲルス

★★★★★
8
□□□
共産主義者同盟の綱領として書かれ、階級闘争の歴史を明らかにして世界の労働者の団結を説いた、マルクスと**エンゲルス**との共同執筆の宣言は何か。 — 『共産党宣言』

★★★★☆
9
□□□
人間の本質や人間性が、人間本来のあり方から離れてしまうことを何というか。 — 人間疎外

★★★★☆
10
□□□
資本主義社会においては、人間の本質である労働力を商品化し、協働で成り立つ人間関係を対立させ、労働を苦痛なものとさせてしまっているが、このような状況を何というか。 — 労働の疎外（疎外された労働）

★★☆☆☆
11
□□□
労働の成果である生産物が、労働者の手を離れて資本家のものになっている状況を何というか。 — 生産物からの疎外

★★★☆☆
12
□□□
労働が自分自身のためではなく強制されたものとなり、苦痛となっている状況を何というか。 — 労働からの疎外

★★★☆☆
13
□□□
協働を本質とする人間が、労働者としての連帯意識を失い孤立化している状況を何というか。 — 類的存在からの疎外

★★★☆☆
14
□□□
人間は孤立した存在ではなく、他者と結びつき協働しながら存在しているという、マルクスが語る人間存在のあり方を何というか。 — 類的存在

★★★☆☆ **15** ☐☐☐	人間らしい感情や生きがいなどを失い、人間本来の姿を失っていく状況を何というか。	人間の人間からの疎外
★★★★★ **16** ☐☐☐	物質的生産活動という経済的基礎の上に法律や政治制度などが成立し、それが経済的変化に応じて歴史的に変遷していくという、マルクスとエンゲルスによって確立された歴史観・社会観を何というか。	唯物史観(史的唯物論)
★★★★★ **17** ☐☐☐	それぞれの時代と社会における、政治体制や教育などの精神活動を規定する物質的基盤を何というか。	下部構造
★★★★★ **18** ☐☐☐	ものを生産するために必要な原料と、道具や土地や工場などをあわせて何というか。	生産手段
★★★★★ **19** ☐☐☐	<u>生産手段</u>と労働力の総和からなる社会的な生産能力のことを何というか。	生産力
★★★★★ **20** ☐☐☐	領主と農奴、資本家と労働者のように、生産過程においてとり結ばれる人間関係を何というか。	生産関係
★★★★★ **21** ☐☐☐	物質的基盤に規定される政治や法律や教育などを総称して何というか。	上部構造
★★★★★ **22** ☐☐☐	生産手段の所有者である支配階級(貴族・武士・資本家)と労働力の提供者である被支配階級(奴隷・農民・労働者)との戦いを何というか。	階級闘争
★★★★★ **23** ☐☐☐	資本主義社会において、みずからの生産手段をもたず、自己の労働力を資本家に売ることで生活を営んでいる人々のことを何というか。	労働者(プロレタリア)
★★★★★ **24** ☐☐☐	資本主義社会において、土地や工場などの生産手段を所有する人々のことを何というか。	資本家(ブルジョワ)
★★☆☆☆ **25** ☐☐☐	マルクスが歴史の必然性としておこると予言した、労働者による資本主義社会を転覆させるための<u>社会革命</u>を何というか。	社会主義革命(プロレタリア革命)
★★★★☆ **26** ☐☐☐	社会主義をこえ、能力に応じて働き、必要に応じて受け取る社会をめざす思想のことを何というか。	共産主義

❸ 社会民主主義

用語集 p.168〜169

★★★★★
1
□□□
マルクス主義の唯物史観(史的唯物論)・武力革命・共産党一党独裁などを否定し、漸進的な社会改良によって社会主義を実現していこうとする立場を何というか。

修正マルクス主義

★★★★☆
2
□□□
武力革命を否定し、議会制民主主義にもとづく社会主義をめざそうとする、ドイツを中心とする思想潮流を何というか。

社会民主主義

★★★★☆
3
□□□
唯物史観(史的唯物論)や武力革命を否定してマルクス主義を修正しようとする立場を明確にし、労働者の知的・精神的向上による社会改革を説いたドイツの社会主義者は誰か。

ベルンシュタイン

★★★☆☆
4
□□□
1890年、社会主義労働者党を改称して成立したが、ベルンシュタインの理論によって革命色を希薄化させ、現代ドイツの主要政党となっている政党は何というか。

ドイツ社会民主党

★★★☆☆
5
□□□
資本主義の弊害を議会制度のなかで漸進的に改良していこうとする、イギリスの社会主義組織が主唱した社会主義を何というか。

フェビアン(フェビアン社)主義

★★★★☆
6
□□□
社会改良をめざして、1884年にロンドンで結成された、ローマの将軍ファビウスにちなんだ名をもつ社会主義組織を何というか。

フェビアン協会

★★★★☆
7
□□□
空想的社会主義に不満をいだき、土地と産業資本の社会的所有をとなえてフェビアン協会を発足させた、シドニーとベアトリスの夫婦を何というか。

ウェッブ夫妻

★★★★☆
8
□□□
ウェッブ夫妻と知りあい、新たな社会主義運動の推進者となったイギリスの劇作家・評論家は誰か。

バーナード＝ショウ

❹ 社会主義の展開

用語集 p.169〜171

★★★★★
1
□□□
マルクスとエンゲルスによって構築された社会主義理論を何というか。

マルクス主義

★★★☆☆
2
□□□
マルクスの死後、ロシア革命を成功に導いたレーニンが発展させたマルクス主義理論を何というか。

マルクス・レーニン主義

★★★★★
3
□□□ 第一次世界大戦中の1917年、帝政ロシアにおこった社会主義革命を何というか。 | ロシア革命

★★★★☆
4
□□□ 学問の諸分野にマルクスの理論を適用・発展させると同時に、**ロシア革命**を成功に導いた思想家・革命家は誰か。 | レーニン

★★★☆☆
5
□□□ **レーニン**が資本主義の最高段階と規定した、国内的には独占企業が登場し、対外的には植民地獲得競争がおこなわれる段階の資本主義のことを何というか。 | 帝国主義

★☆☆☆☆
6
□□□ 中国を外国勢力から取り戻し、地方軍閥から民衆を解放し、さらに人々の生活を向上させることという原則を掲げて辛亥革命を指導した革命家は誰か。 | 孫文

★☆☆☆☆
7
□□□ **孫文**が掲げた原則とは民族主義・民権主義・民生主義の3つであるが、この3つを総称して何というか。 | 三民主義

★★★☆☆
8
□□□ 孫文の**三民主義**とマルクス・レーニン主義をあわせ、中国の社会主義革命を指導した思想家・政治家は誰か。 | 毛沢東

★★☆☆☆
9
□□□ 社会主義革命の前に、帝国主義・封建主義の打倒が必要であるとする**毛沢東**による二段階革命理論を何というか。 | 新民主主義革命

第2章 実存主義

❶ キルケゴール

用語集 p.172〜175

★★★★★ **1** □□□	高度化した科学技術や巨大化した社会組織のなかで、個性を喪失して日常性のなかに埋没している人々に、主体性の回復と本来的自己の発見を説く現代思想を何というか。	実存主義
★★★★★ **2** □□□	抽象的・一般的な人間に還元することのできない、「いま・ここ」に生きている具体的・個別的な人間の現実存在を何というか。	実存
★★★★☆ **3** □□□	自分の生活や生き方をみずから選択し、決断する人間のあり方を何というか。	主体性
★★☆☆☆ **4** □□□	<u>主体性</u>を喪失し、行動やものの考え方が同じ傾向になっていることを何というか。	画一化（水平化）
★★★★★ **5** □□□	父の神への裏切りと愛する人との婚約破棄を精神的な契機として、みずからにとって生きるに値する価値を求めた、デンマークの哲学者で実存主義の先駆者でもある人物は誰か。	キルケゴール
★★★★★ **6** □□□	ヘーゲル哲学への批判とともに、二者択一的決断による主体的な生き方を文学的に語った、<u>キルケゴール</u>の著作は何か。	『あれか、これか』
★★★★★ **7** □□□	人が死ぬということは精神的に死ぬことであり、それは結局、人間の罪に関わることであると論じた、キルケゴールの著作は何か。	『死にいたる病』
★★☆☆☆ **8** □□□	人間が漠然といだく根拠のない<u>不安</u>から原罪の問題を論じた、キルケゴールの著作は何か。	『不安の概念』
★★★★☆ **9** □□□	ヘーゲルが弁証法によってすべてを説明しつくしたのとは逆に、みずからの全存在をかけて選び取る選択を、キルケゴールは何と呼んだか。	あれか、これか
★★★★★ **10** □□□	普遍的・一般的な真理ではなく、私にとって真理であるような真理を何というか。	主体的真理

★★★★★ **11** □□□	キルケゴールが、『ギーレライエの日記』のなかで<u>主体的真理</u>について表現した言葉は何か。	「私にとって真理であるような真理を発見し、私がそれのために生き、そして死にたいと思うようなイデー(理念)を発見する」
★★★★★ **12** □□□	人間がいきいきとした神との関係を失い、本来の自己を見失った状態で、実存のあり方を変更していく契機となる精神の状態を、キルケゴールは何と呼んだか。	絶望
★★★★☆ **13** □□□	人間の生き方が<u>絶望</u>を契機として3つの段階を経て高められていくという、キルケゴールの実存のあり方に関する考えを何というか。	実存の三段階
★★★★★ **14** □□□	人生を欲望のままに享楽的に送ろうとする実存の段階を何というか。	美的実存
★★★★★ **15** □□□	享楽的生活に絶望を感じ、人間としての善き生き方を求めるようになる実存の段階を何というか。	倫理的実存
★★★★★ **16** □□□	善き生き方の限界にぶつかって絶望し、みずからが罪であることを自覚して、信仰への飛躍を決意する実存の段階を何というか。	宗教的実存
★★★★★ **17** □□□	つねに自己をかえりみながら真実の自己を求め、ついにはみずからが罪であることを自覚して、神の前に一人立つ主体的な人間を何というか。	単独者

❷ ニーチェ

用語集 p.176〜178

★★★★★ **1** □□□	ショーペンハウアー、ワーグナーそしてブルクハルトなどの思想的影響のなかで、それらとみずからのギリシア古典研究の成果をあわせて独自の実存主義哲学を生みだしたドイツの哲学者は誰か。	ニーチェ
★★★★★ **2** □□□	古代ペルシアの宗教家ゾロアスターの口を通してみずからの思想を語った、<u>ニーチェ</u>の代表的著作は何か。	『ツァラトゥストラはこう語った』
★★★☆☆ **3** □□□	<u>永劫回帰</u>と運命愛によるニヒリズムの<u>克服</u>を説いた、ニ	『力への意志』

ーチェの哲学的遺稿集は何か。

★★★★★
4
☐☐☐

ギリシア悲劇には、アポロン的な造形芸術とディオニュ
ソス的な音楽との融合があると論じたニーチェの著作は
何か。

『悲劇の誕生』

★★★★☆
5
☐☐☐

伝統的なキリスト教的善悪をこえて、新しい価値を求め
ようとした、ニーチェの著作は何か。

『善悪の彼岸』

★★★☆☆
6
☐☐☐

ペシミズムと「生への意志」を説いて、ニーチェやワーグ
ナーに影響を与えたドイツの哲学者は誰か。

ショーペンハウアー

★★★★★
7
☐☐☐

伝統的な宗教や道徳などがもはや意味をもたず、価値の
ないものとなることを何というか。

ニヒリズム（虚無主
義）

★★★★★
8
☐☐☐

キリスト教を基礎とする伝統的価値が、もはや生命を失
ってしまっていることを指摘したニーチェの言葉は何か。

「神は死んだ」

★★★★★
9
☐☐☐

ヨーロッパ精神の根底にある、キリスト教の博愛・同
情・従順といった弱者の道徳をニーチェは何と呼んだか。

奴隷道徳

★★★★★
10
☐☐☐

キリスト教道徳の根底にある、生命の根源から発する力
強さにあふれた強者に対して弱者がつねにいだき続ける
怨恨のことをニーチェは何と呼んだか。

ルサンチマン

★★★★★
11
☐☐☐

神は存在せず、世界は初めもなく終わりもなく、目的も
ない無意味な永遠の繰り返しにすぎないとする、ニーチ
ェの思想を何というか。

永劫回帰（永遠回帰）

★★★★★
12
☐☐☐

キリスト教が説く救いや神の国を否定し、無意味さと苦
悩にあふれる人生を積極的に肯定して、それを生き抜い
ていこうとすることを何というか。

運命愛

★★☆☆☆
13
☐☐☐

無意味な人生の繰り返しを、力強く生き抜いていこうと
いう決断を示す言葉は何か。

「これが人生か、さ
らばもう一度」

★★★★★
14
☐☐☐

ショーペンハウアーの消極的な「生への意志」に対して、
勇気と決断でもって自己を高めていこうとする人間の根
源的な生命力そのものに基礎をおく意志を、ニーチェは
何と呼んだか。

力への意志

★★★★★
15
☐☐☐

現実に甘んじるラクダの精神を克服し、無意味な生を力
強く肯定するライオンの精神をもち、さらには無限の価

超人

値創造に向かう子どもの精神をもって、自己をつねに超克こく
し続ける人間のことを何というか。

③ 実存主義の発展　　　　　　用語集 p.179〜187

■ヤスパース

★★★★★
1
□□□ ナチズムとの対決のなかで、理性と愛と実存の問題を問い続けたドイツの精神科医・哲学者は誰か。　　ヤスパース

★★★★☆
2
□□□ <u>ヤスパース</u>の基本的な哲学的テーマと世界の見方などが記されている大著は何か。　　『哲学』

★★★★☆
3
□□□ 「実存は理性によってのみ明らかとなる」という立場から書かれたヤスパースの代表作は何か。　　『理性と実存』

★★★★★
4
□□□ 人間として変更することも回避かいひすることもできない状況のことを何というか。　　限界状況

★★★★★
5
□□□ ヤスパースが、不可避的状況ふかひてきじょうきょうとして示している事例をそれぞれ何というか。　　死・苦しみ・争い・罪

★★★★★
6
□□□ 不可避的状況のなかでみずからの<u>有限性</u>を自覚したときに人が出あう、人間をこえてすべてをつつみ込む存在を何というか。　　超越者ちょうえつしゃ(包括者ほうかつしゃ)

★★★★★
7
□□□ 不可避的状況のなかで<u>超越者</u>と出あうことで、真実の自己をめざす者どうしが取り結ぶ関係を何というか。　　実存的交わり

★★★★☆
8
□□□ 相互に相手のことを思いやりつつも妥協だきょうはしないという、<u>実存的交わり</u>のあり方を何というか。　　愛しながらの戦い

★★★☆☆
9
□□□ 紀元前500年前後の時代を、ヤスパースは人類の意識が覚醒かくせいしたとみて、何と呼んだか。　　枢軸時代すうじくじだい

■ハイデッガー

★★★★★
1
□□□ 自然科学をはじめとする諸科学が、意識の対象となる世界を客観的世界として説明しようとするのに対して、世界を意識にあらわれるままに「記述」しようとすることが大切だとする学問を何というか。　　現象学げんしょうがく

★★★★★
2
□□□ <u>現象学</u>の学問的立場を確立し、現代実存主義哲学に大き　　フッサール

★★★★★
3
□□□ 一切の日常的・理論的先入見（せんにゅうけん・しりぞ）を退けて、直観によってとらえることのできる対象をありのままに記述しようとする態度を、フッサールは何と呼んだか。

「事象そのものへ」

★★★☆☆
4
□□□ 意識はつねにみずからをこえて外に向かおうとするが、この意識の特性を何というか。

志向性（しこう）

★★★★★
5
□□□ 世界の諸現象を純粋な形でとらえるために、現実に対するすべての判断を一度停止することを何というか。

エポケー（判断停止）

★★★☆☆
6
□□□ 日常的な素朴（そぼく）な思い込みを保留して、内面的な純粋意識の事実に立ち返ろうとすることを何というか。

現象学的還元（かんげん）

★★★★★
7
□□□ 世界が意識の外に存在すると素朴に信じる日常的な態度を、フッサールは何と呼んだか。

自然的態度

★★★☆☆
8
□□□ 現象学的還元について語られた、フッサールの代表的著作は何か。

『イデーン』

★★★★★
9
□□□ 現代人は日常性に埋没（まいぼつ）して本来的自己を見失っていると指摘し、みずからの有限性を先取りすることで本来的自己を取り戻すことができると説いた、ドイツの実存主義哲学者は誰か。

ハイデッガー

★★★★★
10
□□□ 存在の意味を問うために、存在を了解している人間のあり方を現存在として分析する、ハイデッガーの代表的著作は何か。

『存在と時間』

★★★☆☆
11
□□□ 存在と無とを、不安という概念を架（か）け橋として論じた、ハイデッガーの中期の著作は何か。

『形而上学とは何か』（けい じ じょうがく）

★★★★★
12
□□□ ギリシア以来の「存在とは何か」という、ハイデッガーがみずからの哲学の課題とした問いかけは何か。

存在の問い

★★★★★
13
□□□ ほかの存在物とは異なり、「いま・ここに・ある」自分の存在の意味を問いかけることのできる、人間固有のあり方を何というか。

現存在（ダーザイン）（げんそんざい）

★★★★★
14
□□□ 人間はみずからが世界を意識する以前に、世界のなかに存在しているという、人間の根本的あり方のことを何というか。

世界一内一存在

★★★★★ **15** □□□	すべての存在するものを存在させているもののことを、ハイデッガーは何と呼んだか。	存在
★★★★☆ **16** □□□	この世のすべてのものの根底にある<u>存在</u>について気づかないだけではなく、考えることさえ忘れてしまっていることを何というか。	存在忘却 <small>ぼうきゃく</small>
★★★★☆ **17** □□□	人間がみずから存在を始めることはできず、すでに存在のなかに投げだされている事実をハイデッガーは何と呼んだか。	被投性 <small>ひとうせい</small>
★★★★☆ **18** □□□	人がみずからの本来的あり方を忘れ、見失っていることをハイデッガーは何と呼んだか。	故郷の喪失 <small>そうしつ</small>
★★★★★ **19** □□□	自分が何ものであるのかという自己了解をおこたり、<u>日常性</u>のなかに埋没して平均的・画一的な生き方におちいっている人間を、ハイデッガーは何と呼んだか。	「ひと」(ダス・マン、世人) <small>せじん</small>
★☆☆☆☆ **20** □□□	本来的自己を見失っているための漠然とした気分であり、みずからの有限性や不完全性に気づくときに襲ってくる気分を何というか。	不安
★★★★★ **21** □□□	人間は有限であり、いつかは死ななければならない運命を背負っているという意味で、このことを自覚することで本来的自己へと回帰する可能性が生まれるという、人間のあり方を何というか。	死への(死へとかかわる)存在

■サルトル

★★★★★ **1** □□□	ナチス支配下のフランスでレジスタンス運動に加わり、そのなかで独自の哲学を構築していったフランスの実存主義哲学者は誰か。	サルトル
★★★★★ **2** □□□	すべての存在が無意味であることに不安をいだく主人公を通して、偶然の世界に生きる実存の姿を描いた、<u>サルトル</u>の初期の小説は何か。	『嘔吐』 <small>おうと</small>
★★★★★ **3** □□□	人間存在の分析を通して、人間の自由の根拠を探ろうとしたサルトルの代表作は何か。	『存在と無』

★★★★★
4
□□□ 実存主義が人間の自由を求める思想であることを解説したサルトルによる実存主義の入門書は何か。 『実存主義はヒューマニズムである』

★★★★★
5
□□□ 人間の本質が先にあるのではなく、人間はまず世界のなかに投げだされ、そののちに本来的な自分を創造していくのだ、という意味のサルトルの言葉は何か。 「実存は本質に先立つ」

★★★☆☆
6
□□□ 自分という人間をつくりだすために、つねに未来に向けて自己を投げだしていくことを何というか。 投企（とうき）

★★★☆☆
7
□□□ 人間の本質でもなく求める理想でもなく、自己の行為を自分で決める人間のあり方そのものだとサルトルが語る価値は何か。 自由

★★★★★
8
□□□ 自己の自由な選択と決断は、必然的に他者をも巻き込むがゆえに、責任をまぬがれることはできないという意味のサルトルの言葉は何か。 「人間は自由の刑に処せられている」

★★★★★
9
□□□ 自己の自由は他者の生き方を拘束（こうそく）するがゆえに、自由には必然的に付随（ふずい）するとサルトルが考えたものを何というか。 責任

★★★★★
10
□□□ 状況に拘束される人間は、同時に状況を変革（へんかく）しつつ人類の運命に積極的に関わっていくが、このような社会への参加あるいは状況参加のことをフランス語で何というか。 アンガージュマン（アンガジュマン）

★★★★★
11
□□□ サルトルの伴侶（はんりょ）・協働者であり、同時に女性問題について積極的に発言をおこなった実存主義哲学者は誰か。 ボーヴォワール

★★★☆☆
12
□□□ 歴史的・社会的につくられた性であるジェンダーを批判しつつ、女性の自立と自覚をうながしたボーヴォワールの代表作は何か。 『第二の性』

★★★☆☆
13
□□□ 『第二の性』のなかで語られている、ジェンダーを指す言葉は何か。 「人は女に生まれるのではない、女になるのだ」

★★★☆☆
14
□□□ 実存主義とは希望や意味を見出せない現実を直視しながら生きていくことにほかならないと考え、サルトルの論敵となったフランスの作家・哲学者は誰か。 カミュ

★★★★☆
15
□□□ 灼熱（しゃくねつ）の太陽のもとでおきた何の理由もないできごとを通 『異邦人（いほうじん）』

して、無意味な生を描いた、<u>カミュ</u>の代表作は何か。

★★☆☆☆
16
□□□ ナイジェリアで発生した感染症との戦いを通して、人々 | 『ペスト』
が連帯し誠実に生きることの尊さを描いた、カミュの作
品は何か。

★★☆☆☆
17
□□□ 人生は合理的に理解することはできず、意味も目的もな | 不条理
い現実があるだけだという、カミュの思想の基本概念を
何というか。

★★★★★
18
□□□ デカルト以来の心身（しんしん）二元論を批判し、心と身体との関係 | メルロ＝ポンティ
性を現象学によってとらえようとしたフランスの哲学者
は誰か。

★★★☆☆
19
□□□ 身体とは人間が環境と関わるための基点であり条件であ | 身体性
るという、<u>メルロ＝ポンティ</u>が意識以上に人間のあり方
の根底としたものは何か。

★★☆☆☆
20
□□□ デカルトの心身二元論以来問題となってきた、心と身体 | 心身問題
の関係性に関する問題を何というか。

第3章 | # プラグマティズム

① プラグマティズムの成立

用語集 p.188〜189

★★★☆☆
1
アメリカ開拓時代に形成された、自由・独立・進取の気風などの精神的特質を何というか。

フロンティア精神（フロンティア・スピリット、開拓者精神）

★★★★★
2
イギリス経験論や功利主義さらには進化論などと、**フロンティア精神**やピューリタン精神が結びついて形成された、実生活に有用な知識や学問を尊重しようとする、アメリカに生まれた思想を何というか。

プラグマティズム（実用主義・有用主義）

★★★★★
3
プラグマティズムの語源となった、行為や行動を意味するギリシア語を何というか。

プラグマ

★★★★★
4
どのような概念も言葉も、それがもたらす実際の帰結以上の意味はないとして、形而上学的思弁を批判し、プラグマティズムの先駆者となった人物は誰か。

パース

★★☆☆☆
5
ある概念を明確にするには、その概念が対象に与える効果を考えよと説いた、**パース**の論文は何か。

「観念を明晰にする方法」

★★☆☆☆
6
科学的実験の2つの重要な要素で、実験・観察以前の仮の命題・学説と、それを実験・観察によって証明することをそれぞれ何というか。

仮説・検証

★★★★★
7
客観的事実よりも各人の生活にとって有用かどうかを学問や知識の基準におき、プラグマティズムをより発展させたアメリカの心理学者・哲学者は誰か。

ジェームズ

★★★☆☆
8
有用な行動を誘発する知識や思想を真理とする、**ジェームズ**の思想の概念を何というか。

真理の有用性

★★★★☆
9
文学作品や思想家のエピソードなどによって、ジェームズの思想をわかりやすく解説した著作は何か。

『プラグマティズム』

❷ デューイ

用語集 p.190〜192

★★★★★
1
□□□ プラグマティズムを民主主義思想と位置づけ、社会・教育などの多方面に影響を与えた、プラグマティズムの大成者は誰か。

デューイ

★★★★☆
2
□□□ 伝統的哲学を批判し、プラグマティズム思想を平易に解説した**デューイ**の代表的著作は何か。

『哲学の改造』

★★★★☆
3
□□□ 民主主義が崩壊の危機に直面するなかで、教育によって危機を克服しようと説くデューイの著作は何か。

『民主主義と教育』

★★★★★
4
□□□ 人間が道具を発明し使用することで、自然を開発し社会を発達させてきたように、知性やそれによって獲得された知識も、人間がよりよく環境に適応していくための道具であるという考えを何というか。

道具主義

★★★★★
5
□□□ 人間は多くの困難や問題に遭遇しながら生きているが、そのようなときに既存の知識や理論を道具として用いながら、未来を展望して困難や問題を解決していく知性のあり方を何というか。

創造的(実験的)知性

★☆☆☆☆
6
□□□ 児童・生徒に知識を獲得させるためには、実生活上での困難に直面させることによって、行動のなかで学ばせなければならないとする学習理論を何というか。

問題解決学習

★☆☆☆☆
7
□□□ **問題解決学習**とは、子どもたちが実生活の場で問題を発見し、解決していく能力をやしなうことだと語った、デューイの言葉は何か。

「なすことによって学ぶ」

第Ⅳ部

第4章

現代のヒューマニズム

① 人類愛と生命への畏敬

用語集 p.193〜195

★★★★★
1
□□□ 人間そのものに対する関心と愛情をいだき、それを抑圧するものから人間を解放しようとする、人間主義・人道主義とも訳されている思想・運動を何というか。

ヒューマニズム

★★★★★
2
□□□ 「愛の反対は憎しみではなく、無関心である」と考え、インドのコルカタ(カルカッタ)で貧者や病者や路上生活者の救済をおこない、ノーベル平和賞を受けた人物は誰か。

マザー = テレサ

★★★★★
3
□□□ 貧者や病者の最期を看取るために、**マザー = テレサ**が設けた施設を何というか。

死を待つ人の家

★★☆☆☆
4
□□□ 貧しい子どもたちのために、マザー = テレサが設けた児童施設を何というか。

聖なる子どもの家
(子どもの家)

★★★★☆
5
□□□ アフリカのランバレネで、独自の生命観にもとづく医療活動とキリスト教伝道をおこなった、フランスの神学者・医師・思想家は誰か。

シュヴァイツァー

★★☆☆☆
6
□□□ アフリカでの医療活動のかたわら、見聞したことをまとめた**シュヴァイツァー**の著作は何か。

『水と原生林のはざまで』

★☆☆☆☆
7
□□□ 人間にとっての善とは、生命を維持し生きる力を促進することにあり、生命を傷つけ滅ぼすことは悪であると説いたシュヴァイツァーの著作は何か。

『文化と倫理』

★★★★☆
8
□□□ 命あるものすべてに対する神の愛を感じることで生まれでる、生命への限りない畏れと敬いの感情を何というか。

生命への畏敬

② 平和と非暴力主義

用語集 p.196〜197

★★★★☆
1
□□□ いかなる生命も傷つけないという原理を掲げ、インドの独立運動に生涯をささげ、「マハトマ(偉大なる魂)」と呼ばれた思想家・政治指導者は誰か。

ガンディー

★★★☆☆
2
□□□ 宇宙の「**真理の把握**」という意味で、それによって民族の解放を求めた、**ガンディー**の政治闘争の理念を何というか。

サティヤーグラハ

★★★★☆ **3** □□□	すべての生命を1つとみる古代インドからあった思想で、生き物を傷つけたり殺したりしないということを意味する言葉を何というか。	不殺生(アヒンサー)
★★★★★ **4** □□□	すべての暴力を否定するとともに決して屈服しない、独立をめざすガンディーの運動を何というか。	非暴力・不服従運動
★★★★★ **5** □□□	イギリスに対する<u>非暴力・不服従運動</u>のスローガンで、自治独立と国産品愛用を意味する言葉を何というか。	スワラージ・スワデーシ
★★★★★ **6** □□□	黒人の地位の向上と差別撤廃のために非暴力主義を掲げて闘ったアメリカの牧師は誰か。	キング牧師
★★★★★ **7** □□□	<u>キング牧師</u>が「<u>私には夢がある</u>」という演説をおこなった、「奴隷解放宣言」百周年を記念して開催された政治集会を何というか。	ワシントン大行進
★★★★★ **8** □□□	黒人や少数民族が、教育・雇用・住居・選挙などの差別に抗議し、白人と同等の市民的権利を主張してアメリカでおこなわれた運動を何というか。	公民権運動

第5章 **現代文明への批判と新しい知性**

❶ フランクフルト学派　　　　用語集 p.198〜201

★★★★☆
1
□□□
マルクス主義とフロイトの精神分析学およびアメリカ社会学を結合させながら、現代の人間の疎外状況克服のために理性の自己批判を主張する、ドイツのフランクフルト大学の社会研究所を中心とする思想家グループを何というか。

フランクフルト学派

★★★★☆
2
□□□
20世紀の「新たな野蛮」であるファシズムや非人間的な管理社会などの批判を通して、既存の社会を支配する思想の矛盾を明らかにしようとした、**フランクフルト学派**の理論を何というか。

批判理論

★★★★★
3
□□□
近代理性の道具化を批判し、理性が本来もっている自由な批判力を取り戻すことを提唱した、フランクフルト学派の中心人物は誰か。

ホルクハイマー

★★★★★
4
□□□
ホルクハイマーとともに近代理性の批判をおこなうとともに、精神分析と世論調査の手法を用いて民衆のなかにある潜在的ファシズムの危険性を研究した学者は誰か。

アドルノ

★★★★★
5
□□□
自由と解放のための啓蒙的理性が個性を抑圧していく過程を記した、ホルクハイマーと**アドルノ**の共著は何か。

『啓蒙の弁証法』

★★★☆☆
6
□□□
権力や権威には卑屈で服従的でありながら、無力な弱者に対しては傲慢で高圧的となる、ファシズムを支えた大衆の性格を指摘した、アドルノとフロムの共著は何か。

『権威主義的パーソナリティ』

★★★★★
7
□□□
人間もものもすべてを管理の対象とし、文明や文化の生命を失わせて、科学・技術に隷属するだけの野蛮なものになりはててしまった理性を何というか。

道具的理性

★★★☆☆
8
□□□
みずからが管理と操作の道具になりさがっていることを自覚し、人間性を抑圧するものへの批判力をもつようになった理性を何というか。

批判的理性

★★★★★
9
□□□
アドルノとともにファシズムの研究をおこない、現代人は多くの犠牲の上に獲得した自由の重みにあえいでいると指摘した、フランクフルト学派で新フロイト派の心理

フロム

第IV部
第5章
現代文明への批判と新しい知性

学者は誰か。

★☆☆☆☆ **10** ☐☐☐	歴史的に獲得してきた自由から逃れ、新たな依存を求めていると、現代人の心理を分析した**フロム**の著作は何か。	『自由からの逃走』
★★★★★ **11** ☐☐☐	大衆を操作・管理する現代の情報社会に処処するために、抑圧のない自由なコミュニケーションの必要性を説いた、フランクフルト学派の哲学者は誰か。	ハーバーマス
★★★★★ **12** ☐☐☐	効率的に目的を達成するための道具的理性に対して、権威や権力の入り込まない公共の場で、<u>合意</u>をめざして<u>討議</u>をおこなおうとする理性を何というか。	対話的理性(コミュニケーション的理性)
★★☆☆☆ **13** ☐☐☐	政治的支配や経済成長を目的として、人間の行為を自動的に調整し、社会システムを統合しようとする合理性のことを、ハーバーマスは何と呼んだか。	システム合理性
★★☆☆☆ **14** ☐☐☐	政治や経済のシステムが肥大化し、他者との対話的な人間関係で成り立つ日常的な世界をおびやかすことを、ハーバーマスは何と呼んだか。	生活世界の植民地化
★★★★☆ **15** ☐☐☐	市民の自由な討議によって生まれる市民的公共性の再生を訴えたハーバーマスの著作は何か。	『公共性の構造転換』
★★★★☆ **16** ☐☐☐	道具的理性によらず対話的理性による<u>コミュニケーション的合理性</u>の必要性を説いたハーバーマスの著作は何か。	『コミュニケーション的行為の理論』

❷ 構造主義 用語集 p.201~207

★★★★★ **1** ☐☐☐	たんに部品が組み合わされて完成するようなものではなく、1つの要素が変化すれば全体の仕組みが変化するような諸関係の総和のことを何というか。	構造(システム)
★★★★★ **2** ☐☐☐	個別的な事象の背後にあって、それらを成り立たせている<u>構造</u>の発見や分析をおこなおうとする、現代フランスを中心とする思想潮流を何というか。	構造主義
★★★★★ **3** ☐☐☐	人間がもつ本来的な言語能力は、社会制度としての言語と個人的な場面で実際に話されている言語の相互依存関係において機能していると考えた、スイスの言語学者は誰か。	ソシュール

★★★★☆		
4 □□□	文法などの制度としての言語体系と、話し言葉などの実際に話されている言語を、それぞれ何というか。	ラング・パロール
★★☆☆☆		
5 □□□	言語体系を構成する言葉と、その意味内容を、それぞれ何というか。	シニフィアン・シニフィエ
★★☆☆☆		
6 □□□	文芸作品は様々なエクリチュール（社会のなかで使われている言葉遣い）がからみあってできた織物だとして、構造主義的な批評をおこなった哲学者は誰か。	バルト（ロラン＝バルト）
★★★★★		
7 □□□	未開社会と文明社会とにはそれぞれの歴史があり、その意味と価値とは独自のものであるとして、それまでの西欧中心の歴史観・社会観を転換させたフランスの人類学者は誰か。	レヴィ＝ストロース
★★★★☆		
8 □□□	未開社会の思考は抽象的な近代社会の思考よりも劣るものではなく、独自の論理性をもった思考であると語り、西欧中心の現代社会を批判した、**レヴィ＝ストロース**の著作は何か。	『野生の思考』
★★★★★		
9 □□□	近代の効率を求める「栽培の思考」とは異なり、動植物などを通した経験的な具体的思考を何というか。	野生の思考
★★★☆☆		
10 □□□	ブラジル奥地の調査をまとめるなかで、失われた人間と自然との結びつきを文明論的に考察した、レヴィ＝ストロースの著作は何か。	『悲しき熱帯』
★★★☆☆		
11 □□□	未開社会の結婚制度を解明したレヴィ＝ストロースの著作は何か。	『親族の基本構造』
★★☆☆☆		
12 □□□	人類の進化や生物学的側面を研究する自然人類学に対して、人類の文化や社会の側面から研究しようとする学問を何というか。	文化人類学
★★★★★		
13 □□□	理性的人間を中心とする均質な人間観に批判を加え、狂気と非理性の立場から新たな歴史認識を提示しようとしたフランスの構造主義哲学者は誰か。	フーコー
★★★★★		
14 □□□	西欧社会が伝統的に抑圧してきた狂気のもつ創造力について、各時代の様々な出版物を分析することによって考察した、**フーコー**の著作は何か。	『狂気の歴史』

★★★★☆ 15 □□□	近代合理主義が絶対化した理性に対して、公権力が抑圧し続けてきた、社会秩序から逸脱するような非合理・異常性をフーコーは何というか。	狂気
★★★★☆ 16 □□□	ヨーロッパの学問(知)の歴史を分析しながら、ルネサンス以降の知のあり方(**エピステーメー**)について語ったフーコーの著作は何か。	『言葉と物』
★★★☆☆ 17 □□□	人間の思考や行動を規定する知の体系を、各時代の出版物などを手掛かりにして探ろうとしたフーコーの学問を何というか。	知の考古学
★★★★☆ 18 □□□	ベンサムの「パノプティコン」という監獄を取り上げながら、学校や病院などにおいて自分で自分を規律化するよう訓練されている現状を指摘した、フーコーの著作は何か。	『監獄の誕生』
★★★★☆ 19 □□□	暴力や抑圧によって人間の行動を束縛するのではなく、学校や病院や軍隊などを通して規律正しく行動するように仕向けようとする力のことを、フーコーは何と呼んだか。	権力(生権力)
★★☆☆☆ 20 □□□	性に関する言説や行動の歴史を取り上げながら、それに権力がどのように関わってきたかを論じた、フーコーの未完の著作は何か。	『性の歴史』

❸ 新しい思想の展開

用語集 p.207〜215

★★★★★ 1 □□□	官僚組織の研究を通して、組織のなかの人間はかけがえのない個人ではなく、代替可能な歯車になっていると指摘したドイツの哲学者・社会学者は誰か。	マックス = ウェーバー
★★★★☆ 2 □□□	人と仕事とを組織目的に合致するように、合理的・効率的に配置した管理システムを何というか。	官僚制(ビューロクラシー)
★★★★★ 3 □□□	従来の哲学上の諸問題に、命題の分析を通して接近しようとした哲学を何というか。	分析哲学
★★★★★ 4 □□□	言語分析を通して、価値の問題や世界の全体像といった問題の無意味さを批判したイギリスの哲学者は誰か。	ウィトゲンシュタイン

5 □□□	現実世界に生起している事象のあいだにどのような関係が成立しているかについて、真偽の判断を与えない命題は意味がないとして、従来の哲学や形而上学を批判した<u>ウィトゲンシュタイン</u>の著作は何か。	『論理哲学論考』
6 □□□	神や善についてのような言説は、真偽の判断ができないものだから、語るべきではないとしたウィトゲンシュタインの言葉は何か。	「語りえないことについては、沈黙しなければならない」
7 □□□	前期の『論理哲学論考』から離れ、言語には絶対的な意味や使用法はなく、文脈によって言語は成り立っていることを主張したウィトゲンシュタインの著作は何か。	『哲学探究』
8 □□□	言語は活動であり、その場にふさわしいルールによって理解された言葉として機能するのだと考えるウィトゲンシュタインの言語のとらえ方を何というか。	言語ゲーム
9 □□□	デカルト以来の近代哲学が主体の意識から出発したのに対して、ウィトゲンシュタインが言語使用における概念や論理の分析を哲学の方法としたことを何というか。	言語論的転回
10 □□□	世界についての命題は個々にではなく、命題全体のまとまりとしてのみ確かめられると説いた、アメリカの分析哲学者は誰か。	クワイン
11 □□□	命題は個々の真偽は確かめられず、その命題を含む命題全体の体系についてのみ検証することができるとする、<u>クワイン</u>の主張を何というか。	知の全体論（ホーリズム）
12 □□□	科学的な命題が純粋に真理として認められるためには、その説が間違っていることを証明する方法が必要だと説いた、イギリスの哲学者は誰か。	ポパー
13 □□□	科学的な命題は、つねに反証されうる仮説でなければならないということを、<u>ポパー</u>は何と呼んだか。	反証可能性
14 □□□	科学上の一大変革は、科学的事実の積み上げによっておこるのではなく、その時代の知の枠組みの劇的な変換によっておこると主張した、アメリカの科学史家は誰か。	クーン
15 □□□	各時代の科学者や思想家が共通に理解しているものの見方、問題の立て方、問題の解き方といった知の枠組みの	パラダイム

ことを何というか。

★★★☆☆ **16** □□□	構造主義ののちに登場し、構造主義を乗り越えようとした思想家の立場を何というか。	ポスト構造主義
★★☆☆☆ **17** □□□	世界全体を解釈しようとするような思想を「大きな物語」と呼び、それは全体主義や他者排除をもたらすとして、個々の具体的な状況で思索する「小さな物語」を提唱した、フランスの哲学者は誰か。	リオタール
★★☆☆☆ **18** □□□	映画や写真などの複製芸術のなかに込められた夢や願いなどを読み解くことを批評と呼んだ、フランクフルト学派の哲学者は誰か。	ベンヤミン
★★★★★ **19** □□□	倫理的主体としての「私」が意味をもつためには、「他者」の重みを知らなければならないとして、近代的自我を中心とした倫理を批判したリトアニア出身のフランスの思想家は誰か。	レヴィナス
★★★★★ **20** □□□	自分にとってこえることのできない絶対的な他者が他者であること、すなわち「他性」のことを、**レヴィナス**は何と呼んだか。	「顔」
★☆☆☆☆ **21** □□□	みずからが倫理的な主体であるためには、他者の「顔」を通じて知る苦痛に対して「汝殺すなかれ」という呼びかけに応じなければならないが、レヴィナスはこれを何と呼んだか。	倫理的責任
★★★★★ **22** □□□	ハイデッガーの思想に欠けていた「他者」の問題を追究したレヴィナスの著作は何か。	『全体性と無限』
★★★★★ **23** □□□	ユダヤ系ドイツ人としてナチズムを経験し、生涯を政治現象としての全体主義の研究にかけた政治学者は誰か。	ハンナ゠アーレント
★★★★★ **24** □□□	個人よりも全体を優先し、ゲルマン至上主義や共産党の絶対性など、政治的に確定された原理に合致しない思想・行動を排除する政治思想を何というか。	全体主義
★★★★☆ **25** □□□	アーレントは、相互に話しあうことを通して各人が個性や能力を発揮できる、自由な言語空間のことを何と呼んだか。	公共性の場(公共的空間)
★★★★★ **26** □□□	ドイツが全体主義化していく過程を、反ユダヤ主義・帝	『全体主義の起源』

国主義・全体主義という経緯に沿って論じた、アーレントの著作は何か。

★★★★★ **27** □□□	伝統的な政治哲学への批判とともに、全体主義におちいらないために人間の行為を3つにわけて論じたアーレントの著作は何か。	『人間の条件』
★★★★★ **28** □□□	アーレントは人間の行為を3つに分類したが、そのうち生命を維持するために食料を得る行為を何というか。	労働
★★★★★ **29** □□□	アーレントが分類した3つの行為のうち、自然を加工して生活のための物資や文化をつくりだす行為を何というか。	仕事
★★★★★ **30** □□□	アーレントが分類した3つの行為のうち、利害関係を離れて、たがいに固有性や独自性を認めあい、共同体を形成する行為を何というか。	活動
★★★★★ **31** □□□	善悪や男女など2つのものを対立的に取り上げて議論する、西洋哲学の伝統的議論の矛盾を批判し、新たな哲学的潮流を生み出すことをみずからの哲学的作業と考えた、現代フランスの哲学者は誰か。	デリダ
★★★★★ **32** □□□	西欧哲学が築いてきた基礎をいったん取り壊し、新しい哲学を構築しようとすることを何というか。	脱構築
★★★★☆ **33** □□□	男と女や、話し言葉（パロール）と書き言葉（エクリチュール）のように、たがいに矛盾し対立することを、デリダは何と呼んだか。	二項対立
★★★★☆ **34** □□□	主体と他者、言語と表象など哲学的思索を根底から書き換えた、デリダの初期の講義とエッセイを集めた著作は何か。	『エクリチュールと差異』

❹ 心の深層と無意識

用語集 p.215〜219

★★★★★ **1** □□□	人間の行動や神経症などを、意識の深部を解明することによって、理解し治療しようとする、精神分析学を創始したオーストリアの精神科医は誰か。	フロイト
★★★☆☆ **2** □□□	与えられた言葉から自由に連想させ、抑圧している要因を顕在化させていくフロイトの治療方法を何というか。	自由連想法

★★★★★ **3** □□□	意識としてあらわれることはないが、人間の言動に深い影響をおよぼしている心の領域を何というか。	無意識
★★★★★ **4** □□□	<u>無意識</u>のうち、快楽原則に従って働く原始的・本能的な領域をフロイトは何と呼んだか。	エス(イド)
★★★★☆ **5** □□□	生きようとする無意識の<u>性の欲動</u>をフロイトは何と呼んだか。	リビドー(エロス)
★★★★★ **6** □□□	親や社会の規範を内在化させて形成される、心的装置のことをフロイトは何と呼んだか。	超自我(スーパーエゴ)
★★★★★ **7** □□□	エスと<u>超自我</u>とのバランスをとりながら、現実原則に従って適応をはかる心的装置をフロイトは何と呼んだか。	自我(エゴ)
★★★☆☆ **8** □□□	死にたいという無意識の欲動をフロイトは何と呼んだか。	死の欲動(タナトス)
★★★★★ **9** □□□	フロイトの<u>個人的無意識</u>を批判し、人類に共通する無意識があると考え、分析心理学を創始した人物は誰か。	ユング
★★★★☆ **10** □□□	人類に共通する無意識を、<u>ユング</u>は何と呼んだか。	集合的無意識(普遍的無意識)
★★★★☆ **11** □□□	異なる文明のなかに共通する<u>アニマ</u>、<u>アニムス</u>やグレート・マザーなどの象徴的イメージを何というか。	元型(アーキタイプス)
★★★★☆ **12** □□□	幼児は鏡に映った自分の像によって統一的な自我像を思い描けるようになると指摘した、フランスの精神分析医は誰か。	ラカン
★★★★★ **13** □□□	人間を動かしているのは、無意識の欲望であるとして、それを抑圧するものからの解放を説いた、20世紀のフランスの思想家は誰か。	ドゥルーズ
★★★☆☆ **14** □□□	<u>ドゥルーズ</u>は、欲望は欠乏をみたすものではなく、積極的に生産し創造する働きであるととらえ、資本主義社会のメカニズムを何と呼んだか。	欲望する諸機械
★★★★☆ **15** □□□	ドゥルーズとともに社会の無意識の構造が生成変化する道筋を示した、精神分析医は誰か。	ガタリ
★★★★☆ **16** □□□	文明や国家を欲望抑圧装置として批判し、その権力を解除すべきという主張を記した、ドゥルーズとガタリとの	『アンチ・オイディプス』

共著は何か。

❺ 新しい社会像——自由と公共 用語集 p.220～222

★★★★★
1
□□□
功利主義に取ってかわるべき実質的な社会正義の原理を、社会契約論の仮説を用いて求めた、アメリカの哲学者は誰か。

ロールズ

★★★★☆
2
□□□
社会契約説における自然状態を仮定し、自由で平等な人格をもつ者たちの一致による正義という理論を展開した、ロールズの代表作は何か。

『正義論』

★★★★☆
3
□□□
ロールズは社会契約説における自然状態を、『正義論』で何と呼んだか。

原初状態

★★★★★
4
□□□
ロールズは、原初状態において、たがいが自分や他者についてのいっさいの知識もない状態を想定したが、これを何というか。

無知のヴェール

★★★★★
5
□□□
正義とは社会において自由や富を公正に配分することだとする、ロールズの正義のとらえ方を何というか。

公正としての正義

★☆☆☆☆
6
□□□
すべての人が等しく自由であるという原理を、ロールズの正義論では何というか。

平等な自由の原理

★★★★☆
7
□□□
競争や社会参加に関しては、すべての人に平等な機会が与えられなければならないという原理を、ロールズの正義論では何というか。

公正な機会均等の原理（機会均等の原理）

★★★★☆
8
□□□
社会的・経済的な不平等は、もっとも不利な立場にある人々の状況が改善することにつながるものであれば、許されるという原理を、ロールズの正義論では何というか。

格差原理

★★★★★
9
□□□
個人の身体や労働の成果である財産などは自己の所有物であると考え、強制的な課税による所得の再分配などの福祉政策を批判する思想的立場を何というか。

リバタリアニズム（自由至上主義）

★★★★★
10
□□□
福祉国家は所有物への権利侵害であると批判し、国防や治安維持を中心とする「最小国家」を主張した、アメリカの政治学者は誰か。

ノージック

★★★★★ **11** □□□	人間は地域社会や民族などのコミュニティに属しながらみずからのアイデンティティを形成し、共通する善を追究しているという思想的立場を何というか。	コミュニタリアニズム（共同体主義）
★★★☆☆ **12** □□□	<u>コミュニタリアニズム</u>の立場からは、ロールズのいう個人は共同体の伝統や歴史を背景にもたないとして何と呼ばれているか。	「負荷なき自己」
★★★★★ **13** □□□	みずからが所属する共同体全体に通用するような善を何というか。	共通善
★★★★☆ **14** □□□	人間は家族や地域社会などの伝統や歴史を負った「状況づけられた自己」であり、善と正義とは深く関わるとしてロールズを批判した政治哲学者は誰か。	サンデル
★★☆☆☆ **15** □□□	アリストテレスが追究したポリスにおける善き生を手掛かりに、共同体の善を求める道徳理論を展開したイギリス出身のアメリカの政治哲学者は誰か。	マッキンタイア

第1章 古代日本人の思想と風土

❶ 日本の風土と文化／日本文化の特色　用語集 p.224〜226

★★★★★ 1 □□□	中国西南部を経て西日本に至るカシ・シイなどの常緑広葉樹林地帯では、焼畑農耕によるアワ・ヒエなどの雑穀を中心とした文化が生まれたが、この文化を何というか。	照葉樹林文化
★★★★★ 2 □□□	地形・気候・植生などが人間に与える影響からとらえた自然環境のことを何というか。	風土
★★★★★ 3 □□□	乾燥地帯のなかで遊牧生活を中心とした生業を営み、自然や他部族との対立を通して対抗的・戦闘的な生き方と、一神教を中心とした文化をもつ、和辻哲郎が『風土』でとなえた類型の1つを何というか。	砂漠(沙漠)型風土
★★★★★ 4 □□□	夏の乾燥と冬の湿潤とが調和を保つ穏やかな自然を特質とし、規則性のある自然のなかで自発(主体)的・合理的思考を中心とした文化を生んだとされる、和辻哲郎が『風土』でとなえた類型の1つを何というか。	牧場型風土
★★★★★ 5 □□□	高温多湿の豊かな自然に恵まれながらも、時に台風や梅雨といった自然の猛威にさらされ、自然と密着した受容的・忍従的な生き方と汎神論的な文化を生みだしたとする、和辻哲郎が『風土』でとなえた類型の1つを何というか。	モンスーン型風土
★★★★★ 6 □□□	死んだ祖先は祖霊として一定期間祀られたのち祖先神となると考えられたが、この神を崇拝することを何というか。	祖先崇拝(祖霊信仰)
★★★ 7 □□□	血縁集団や地縁集団を守護する神を何というか。	氏神
★★★★★ 8 □□□	祖先や神に祈りや供物をささげ、祀ることを何というか。	祭祀
★★★ 9 □□□	村落共同体では、山や海は死後に霊魂がおもむく世界に通じていると考えられたが、この世界を何というか。	他界
★★★★★ 10 □□□	伝統社会においては、正月や盆のような特別な日とそれ以外の日常普段の日を、それぞれ何というか。	ハレ・ケ

★★★★☆ 11 □□□	日本古来の基層文化の上に外来文化を受容しながら形成されてきた日本文化の特性を、和辻哲郎は何と呼んだか。	日本文化の重層性
★★★☆☆ 12 □□□	古来より様々な海外文化を取り入れて形成されてきた日本文化の特性を、加藤周一は何と呼んだか。	雑種文化（日本文化の雑種性）

❷ 日本人の思想

★★★★★ 1 □□□	古代以来日本で信仰される、自然神や祖先神あるいは皇祖神などの多数の神々を総称して何というか。	八百万神
★★★★★ 2 □□□	天候不順や疫病など、ムラ社会に災厄をもたらす自然災害は、ソトの世界から来訪した神の力によるものと考えられたが、こうした神を何というか。	祟り神
★★★★★ 3 □□□	建国神話や皇室の系譜を中心に編纂された、712年成立の日本最古の歴史書は何か。	『古事記』
★★★★★ 4 □□□	神代から持統天皇までの歴史を、神話や伝承をまじえて編纂された、720年成立の官撰正史は何か。	『日本書紀』
★★★★★ 5 □□□	国生み神話の主人公で、日本列島と神々の親となった男女の神をそれぞれ何というか。	イザナギの命・イザナミの命
★★★★★ 6 □□□	イザナギの命が黄泉国から帰り、ケガレをはらうために目を洗ったときに生まれたとされ、のちに高天原の中心となった神を何というか。	アマテラス大神（アマテラス大御神・天照大神）
★★★★☆ 7 □□□	イザナギの命が鼻を洗ったときに生まれ、のちに高天原を追放されて出雲にくだり、ヤマタノオロチを退治したとされる神を何というか。	スサノヲ（スサノオ）の命
★★★☆☆ 8 □□□	地上にいる国つ神に対して、高天原にいる神々を何というか。	天つ神
★★★★★ 9 □□□	8世紀頃編纂された、素朴で雄大な歌風をもつ日本最古の詩歌集は何か。	『万葉集』
★★★★☆ 10 □□□	祭祀をおこなう神と祭祀の対象となる神を、和辻哲郎はそれぞれ何と呼んだか。	祀る神・祀られる神

★★★☆☆

11
□□□ 神に対してあざむき偽る心のことで、黒心や暗き心などといわれる心を何というか。

濁心(汚き心・濁った心)

★★★★★

12
□□□ 神を敬い私心がなく、公明正大な心のことで、古代日本人が尊んだ素朴で純真な心を何というか。

清き明き心(清明心)

★★★★★

13
□□□ 正しくまっすぐで偽りのない心のことで、近世になって商人の徳とされ、人をあざむかず真実をつらぬく誠として尊ばれるようになる心を何というか。

正直

★★★★★

14
□□□ 天上の神々の住む世界で、アマテラス大神が主宰する世界を何というか。

高天原

★★★★☆

15
□□□ 高天原を追放されたスサノヲの命が降り立った、人間が住む世界を何というか。

葦原中国

★★★★★

16
□□□ 人間だけではなく神々も死んだあとにおもむく世界を何というか。

黄泉国

★★★★★

17
□□□ 村落共同体(ムラ社会)にもたらされる災害・疫病などの人為的・自然的な災いの総称を何というか。

罪(ツミ)・穢れ(ケガレ)

★★★★★

18
□□□ 罪の代償を出したり、形代などに託して罪や穢れを除去したりすることを何というか。

祓い(はらい)・祓え(はらえ)

★★★☆☆

19
□□□ 川や海の水で浄めることで、罪や穢れを除去することを何というか。

禊(みそぎ)

第2章 **日本仏教の展開**

❶ 聖徳太子と奈良仏教

用語集 p.230〜232

★★★★★
1
□□□ 儒教や仏教に対する深い理解を示すとともに、推古天皇を助けて統一国家建設に尽力した、飛鳥時代の政治家・思想家は誰か。

聖徳太子(厩戸皇子・厩戸王)

★★★★★
2
□□□ 聖徳太子の作と伝えられる、『法華経』『勝鬘経』『維摩経』の注釈書は何か。

『三経義疏』

★★★★★
3
□□□ 仏教思想を普遍的原理とし、儒教思想によって上下関係を律し、協調の必要性を説いて国家統一の原理を示した日本最古の成文法は何か。

『憲法十七条(十七条憲法)』

★★★★★
4
□□□ 『憲法十七条』の第1条に記された日本古代の精神で、私心を排して共同体との協調をはかろうとする心のあり方を何というか。

和

★★★★★
5
□□□ 和の心の大切さを記した、『憲法十七条』第1条の言葉は何か。

「和をもって貴しとし、忤ふることなきを宗とせよ」

★★★★★
6
□□□ 『憲法十七条(十七条憲法)』の第10条に記された、ブッダの前ではだれもが煩悩をかかえた人間であるということを何というか。

凡夫

★★★★★
7
□□□ だれもが煩悩をかかえていることを記した、『憲法十七条』第10条の言葉は何か。

「ともにこれ凡夫なるのみ」

★★★★★
8
□□□ 仏教で尊重すべきとされた、真理を悟ったブッダ(仏)、ブッダの説く真理(法)、ブッダの教えに従って修行をおこなう僧侶集団(僧)の3つを何というか。

三宝

★★☆☆☆
9
□□□ 日本への仏教伝来当初の仏の呼称を何というか。

蕃神

★★★★★
10
□□□ この世は虚しい仮の世界でしかなく、ただ仏だけが真実の存在である、という聖徳太子の晩年の境地を示す言葉は何か。

「世間虚仮、唯仏是真(世間は虚仮、唯仏のみ是れ真)」

★★★★★
11
□□□ 仏教の興隆によって、国家の安泰をはかることを何とい

鎮護国家

うか。

★★★★★
12
□□□ 仏教に深く帰依してみずからを「三宝の奴」と称し、全国に国分寺・国分尼寺をつくり、天平文化の黄金期をもたらした天皇は誰か。

聖武天皇

★★★★☆
13
□□□ 国分寺の総本山である東大寺に、聖武天皇が詔によって鎮護国家を祈願するために造立したものを何というか。

東大寺大仏(盧舎那仏・毘盧遮那仏)

★★★★★
14
□□□ 奈良時代の三論・成実・法相・倶舎・華厳・律の各仏教学派を総称して何というか。

南都六宗

★★★★★
15
□□□ 5度の渡航失敗ののち、盲目になりながらも6度目の渡航で来日し、東大寺に戒壇院を設け、のち唐招提寺を開いた僧は誰か。

鑑真

★★★☆☆
16
□□□ 戒を授けることと戒を受けることをそれぞれ何というか。

授戒・受戒

★★★★★
17
□□□ 諸国を遊行して布教と慈善をおこない、のち聖武天皇に乞われて大仏造立にも尽力した僧侶は誰か。

行基

❷ 最澄・空海と平安仏教　　　　用語集 p.232〜236

★★★★★
1
□□□ 奈良・平安時代の人々が神仏に祈願した、無病息災や蓄財・出世などの現実の人生における恩恵を何というか。

現世利益

★★★★★
2
□□□ 仏の加護や現世利益を願っておこなわれる呪術の一種を何というか。

加持祈禱

★★★★★
3
□□□ 東大寺で戒を受けたが、南都六宗の学問に満足できず、唐に渡って諸学を学び、帰国後新しい宗派を開いて、死後に伝教大師と呼ばれた人物は誰か。

最澄

★★★★★
4
□□□ 最澄が中国から日本に伝えた仏教の宗派を何というか。

天台宗

★★★★★
5
□□□ 最澄によって比叡山に創建された天台宗の総本山で、天台教学の学問所として多くの学僧を育てた寺を何というか。

延暦寺

★★★★★
6
□□□ 戒壇がつくられ受戒制度が確立したあと、国家によって僧侶として認められた者が官僧と呼ばれたのに対し、国家の承認を得ずに僧侶となった者を何というか。

私度僧

★★★★★ **7** ☐☐☐	官僧となるための戒を授ける場所のことを何というか。	戒壇
★★★☆☆ **8** ☐☐☐	鑑真がもたらした上座部仏教の戒を何というか。	具足戒
★★★★☆ **9** ☐☐☐	当時、官僧となる人は上座部仏教の**具足戒**を受けていたが、これに対して最澄が求めた大乗仏教の戒を何というか。	大乗菩薩戒（菩薩戒・大乗戒）
★★★★★ **10** ☐☐☐	大乗戒壇設立に反対する南都諸宗への反論として、最澄が記した著作は何か。	『顕戒論』
★★★★★ **11** ☐☐☐	大乗戒壇設立のために大乗菩薩戒での学僧育成の方式をつづり、朝廷に献上された最澄の著作は何か。	『山家学生式』
★★★★☆ **12** ☐☐☐	悟りを開きブッダとなる可能性のことを何というか。	仏性
★★★★★ **13** ☐☐☐	生きとし生けるものはすべて、悟りを得る可能性をもっているという、大乗仏教の『涅槃経』で説かれている教えを示す言葉は何か。	一切衆生悉有仏性
★★★★★ **14** ☐☐☐	みずからの仏性を自覚して修行に励めば、だれでも悟りという1つの乗り物に乗れるという思想を何というか。	一乗思想（法華一乗）
★★★☆☆ **15** ☐☐☐	教えや素質によって悟りに差があるという三乗思想を説いて、最澄と論争した法相宗の僧侶は誰か。	徳一
★★★★★ **16** ☐☐☐	大乗の慈悲と一乗思想が記されており、聖徳太子や最澄や日蓮が重視した大乗仏教の経典は何か。	『法華経（妙法蓮華経）』
★★★★★ **17** ☐☐☐	南都六宗を学んで『大日経』に出あったのち、唐に渡って恵果から密教を学び、帰国後新しい宗派を開いた人物で、死後に<u>弘法大師</u>と呼ばれた人物は誰か。	空海
★★★★★ **18** ☐☐☐	<u>空海</u>が中国から帰国後に開いた宗派を何というか。	真言宗
★★★★★ **19** ☐☐☐	儒教・仏教・道教の三教のなかで仏教がもっともすぐれていることを示した、空海の出家の経緯が記された著作は何か。	『三教指帰』
★★★★★ **20** ☐☐☐	人間の心の状態を10段階に区別し、低位の動物的段階から最高位の真言密教の悟りに至るまでの過程をつづった、空海の思想をまとめた著作は何か。	『十住心論』

★★★★★ **21** □□□	空海が真言密教の根本道場として高野山に開き、真言宗の総本山となっている寺を何というか。	金剛峯寺
★★★★★ **22** □□□	文字や言葉で説かれた教えのことで、真言宗ではブッダによって説かれた仏教を指すが、この仏教を何というか。	顕教
★★★★★ **23** □□□	大日如来によって説かれた教えで、菩薩でさえ知りつくせない秘密の教えという意味に由来する仏教を何というか。	密教
★★★★★ **24** □□□	いっさいの仏や菩薩の根源であり、宇宙の真理そのものとされる仏のことで、密教の本尊仏とされる仏を何というか。	大日如来
★★★★★ **25** □□□	手に印契を結び、口に真言をとなえ、心に仏を思い描いて仏と一体化しようとすることを何というか。	三密(身密・口密・意密)
★★★★★ **26** □□□	仏や菩薩の偽りのない言葉のことを何というか。	真言(マントラ)
★★★★★ **27** □□□	三密の行によって、この身のままで仏になることを何というか。	即身成仏
★★★☆☆ **28** □□□	大日如来が人間の質問に答えるという形式で説かれた、『金剛頂経』と並ぶ密教の経典は何か。	『大日経』
★★★★☆ **29** □□□	胎蔵界と金剛界の2つがあり、全宇宙が大日如来を中心としてその分身である諸仏・諸神からなっていることを、図絵で示したものを何というか。	曼荼羅
★★★☆☆ **30** □□□	嵯峨天皇から空海が下賜された寺で、教王護国寺とも呼ばれる真言宗の根本道場を何というか。	東寺
★★★★☆ **31** □□□	空海が設立した庶民のための教育機関を何というか。	綜芸種智院
★★★★★ **32** □□□	奈良時代から明治初頭までのあいだにおこなわれた、日本古来の神信仰と仏教信仰の融合を何というか。	神仏習合
★★★★★ **33** □□□	真理の本体(本地)である仏が、民衆教化のために神の姿をとってあらわれたとする思想を何というか。	本地垂迹説
★★★★☆ **34** □□□	仏や菩薩が衆生救済のため、仮に神の姿をとってあらわれることを何というか。	権現

★★★★★ 35 □□□	神社に付属して仏式で祭祀をおこなう寺を何というか。	神宮寺
★★☆☆☆ 36 □□□	仏教寺院に付属して祀られた神社を何というか。	鎮守の神社
★★☆☆☆ 37 □□□	日本古来の山岳信仰を基礎に、奈良時代の役小角が創始したとされる宗教を何というか。	修験道

❸ 末法思想と浄土信仰

★★★★☆ 1 □□□	戦乱や天災のなかで、仏法の衰退とともに救済の可能性も減退していくという、平安中期頃から流行しはじめた仏教的終末観を何というか。	末法思想
★★★★★ 2 □□□	末法思想で、ブッダの説く教え(教)も、その教えに従っておこなわれる修行(行)も、そして修行の結果としての悟り(証)もすべてある時代を何というか。	正法
★★★★★ 3 □□□	末法思想で、教と行はあるが証のない時代を何というか。	像法
★★★★★ 4 □□□	末法思想で、教のみがあり、行も証もない時代を何というか。	末法
★★★★★ 5 □□□	煩悩と汚濁にまみれたこの世から、仏のいる清浄な世界(浄土)への往生を願う、末法思想の広まりのなかで生まれでた信仰を何というか。	浄土信仰
★★☆☆☆ 6 □□□	阿弥陀仏を信じることで、死後、極楽浄土に往生することができると説く教えを何というか。	浄土教
★★★★☆ 7 □□□	浄土教を大成したとされ、空也や源信や法然らに大きな影響を与えた初唐の僧侶は誰か。	善導
★★★★★ 8 □□□	修行中に一切衆生を救済するとの誓願を立て、極楽浄土にいて救済をおこなっているとされる仏を何というか。	阿弥陀仏
★★★★★ 9 □□□	悟りを完成した諸仏がいる清浄な仏国土を何というか。	浄土
★★★★★ 10 □□□	浄土のなかで西方はるか彼方にある、阿弥陀仏のいる仏国土を何というか。	極楽浄土(西方極楽浄土)
★★★★★ 11 □□□	この世から阿弥陀仏のいる極楽浄土におもむき、そこで生をうけることを何というか。	往生

★★★★★		
12 ☐☐☐	仏の名や教えをとなえたり、仏の姿や浄土を思い描くことを何というか。	念仏
★★★★★		
13 ☐☐☐	仏の姿や浄土や功徳を心に思い浮かべることを何というか。	観想念仏
★★★★★		
14 ☐☐☐	仏の名（名号）を呼びとなえることを何というか。	称名（口称）念仏
★★★★☆		
15 ☐☐☐	サンスクリット語を音訳した、「帰依する」という意味の言葉は何か。	南無
★★★★★		
16 ☐☐☐	「阿弥陀仏に帰依する」ということを意味する言葉は何か。	「南無阿弥陀仏」
★★★★★		
17 ☐☐☐	諸国を遊行して念仏を説き、道路の整備や橋の修理などの社会事業をおこなって、阿弥陀聖や市聖と呼ばれた平安中期の僧侶は誰か。	空也
★★★★★		
18 ☐☐☐	観想念仏によって阿弥陀仏のいる浄土への往生を説く一方、地獄の恐ろしさも説いて浄土信仰の普及に貢献した平安中期の僧侶は誰か。	源信
★★★★★		
19 ☐☐☐	浄土への往生についての諸説をまとめた源信の著作は何というか。	『往生要集』
★★★★★		
20 ☐☐☐	けがれたこの世を離れ、阿弥陀仏のいる清浄な国への往生を願う源信の言葉は何か。	「厭離穢土、欣求浄土」

④ 鎌倉仏教　　　　　　　　　　　　　　　用語集 p.238〜245

■法然

★★★★★		
1 ☐☐☐	天台教学を学ぶが満足せず、ひたすら念仏をとなえることで阿弥陀仏の救いが得られるとの確信を得て、独自の宗派を開いた平安末期から鎌倉初期の僧侶は誰か。	法然
★★★★★		
2 ☐☐☐	阿弥陀仏の名号をただひたすらとなえることで救われると説く、法然が開いた宗派を何というか。	浄土宗
★★★★★		
3 ☐☐☐	阿弥陀仏の救いを得るには、念仏だけが正しい修行であると説いた、法然の著作は何か。	『選択本願念仏集』
★★★★☆		
4 ☐☐☐	浄土宗が一切衆生の救済を念じた18番目の誓願をとくに重んじる、阿弥陀仏が法蔵という修行僧の時代に立てた	本願

誓願のことを何というか。

★★★★★ **5** □□□	ほかのいっさいの修行を捨てて、ひたすら阿弥陀仏の救済を願う念仏のあり方を何というか。	専修念仏 <small>せんじゅねんぶつ</small>
★★★★★ **6** □□□	自力に対する言葉で、阿弥陀仏の広大な慈悲の力のことを何というか。	他力 <small>たりき</small>
★★★☆☆ **7** □□□	他力易行門とも呼ばれる、阿弥陀仏の慈悲の力を信じて浄土に生まれ、後生に悟りを得ようとする教えを何というか。	浄土門 <small>じょうどもん</small>
★★★☆☆ **8** □□□	浄土門に対して、自力の修行によって悟りを得ようとする教えを何というか。	聖道門 <small>しょうどうもん</small>
★★★★☆ **9** □□□	自力難行の修行に対して、念仏という簡易な行によって阿弥陀仏の救済にあずかろうとする、浄土宗の修行のあり方を何というか。	易行 <small>いぎょう</small>

■親鸞

★★★★★ **1** □□□	法然の弟子となるが、妻帯してみずからを愚禿と称し、阿弥陀仏の本願にすがりきる他力の徹底をはかった僧侶は誰か。	親鸞 <small>しんらん</small>
★★★★★ **2** □□□	みずからを僧侶でもなく俗人でもないとした、親鸞の立場を何というか。	非僧非俗 <small>ひそうひぞく</small>
★★★★★ **3** □□□	絶対他力を強調した、親鸞を開祖とする宗派を何というか。	浄土真宗(一向宗) <small>じょうどしんしゅう いっこうしゅう</small>
★★★★☆ **4** □□□	親鸞の墓所である大谷廟堂を、3世覚如の時に名を改め、さらに江戸時代に東西にわかれた寺の名は何というか。	本願寺 <small>おおたにびょうどう かくにょ</small>
★★★★★ **5** □□□	念仏信仰に対する批判に反論するため、仏の真の教えと信仰の純粋さについて書かれた親鸞の著作は何か。	『教行信証』 <small>きょうぎょうしんしょう</small>
★★★★★ **6** □□□	親鸞の死後、弟子の一人が師の思想をまとめ、師の説に対する異説を批判した書物は何か。	『歎異抄』 <small>たんにしょう</small>
★★★★★ **7** □□□	『歎異抄』を著したとされる人物は誰か。	唯円 <small>ゆいえん</small>
★★★★☆ **8** □□□	念仏は自力でおこなっているのではなく、阿弥陀仏の慈	絶対他力

悲によってさせてもらっているという、他力の徹底化を意味する言葉を何というか。

★★☆☆☆
9
□□□
阿弥陀仏を信じたときはすでに救われており、念仏はその阿弥陀仏への感謝の行為だとする念仏のあり方を何というか。
報恩感謝(仏恩報謝)の念仏

★★★★☆
10
□□□
悩みやわずらわしさにまみれている救いのない人々を、親鸞は何と呼んだか。
煩悩具足のわれら(煩悩具足の凡夫)

★★★★★
11
□□□
自力で善行がおこなえる自力作善の人以上に、善行をなしえず苦しみ悩む人にこそ阿弥陀仏の救いはあるのだとする思想を何というか。
悪人正機

★★★★★
12
□□□
自力作善の人でさえ往生できるのだから、それができずに悩む人こそ阿弥陀仏のもとへいくことができるのだとする意味の親鸞の言葉は何か。
「善人なほ(を)もて往生をとぐ、いは(わ)んや悪人をや」

★★★★★
13
□□□
この世のいっさいは、すべて阿弥陀仏のはからいによる自ずからなる働きにほかならないとする、親鸞の信仰の立場を示す言葉を何というか。
自然法爾

★★★★☆
14
□□□
親鸞の教えを簡潔な文体で記した「御文(御文章)」によって教化活動をおこない、不振の浄土真宗(一向宗)を再興した本願寺8世の室町時代の僧侶は誰か。
蓮如

★★★★★
15
□□□
天台教学を学んだのち浄土教の教えに触れ、念仏こそ悟りへの道と考え、すべてを捨てて全国を行脚(遊行)し、念仏を広めて捨聖や遊行上人と呼ばれた僧侶は誰か。
一遍

★★★★★
16
□□□
日常普段を往生のときと心得て、称名念仏につとめることを説いた、一遍の宗派を何というか。
時宗

★★★★★
17
□□□
一遍の信者たちは念仏札を配り、念仏をとなえながら踊ったが、その独特の念仏を何というか。
踊り念仏(踊念仏)

■栄西と道元

★★★☆☆
1
□□□
中国の達磨によって開かれた仏教で、浄土宗と並ぶ中国二大宗派の1つを何というか。
禅宗

★★★★★
2
□□□
古代インドのヨーガと呼ばれる瞑想法のうち、精神を整
坐禅

えるディヤーナに由来する仏教の修行法を何というか。

★★★★
3 □□□
他力に対して、自己に仏性のあることを確信し、みずからの努力で悟りを開こうとすることを何というか。

自力（じりき）

★★★★★
4 □□□
天台教学を学んだのち、宋に渡って禅宗と茶とをもち帰り、新しい宗派を開いた平安末期から鎌倉初期の僧侶は誰か。

栄西（えいさい）

★★★★★
5 □□□
栄西が宋からもち帰った禅宗の宗派を何というか。

臨済宗（りんざいしゅう）

★★★★
6 □□□
悟りに到達させる手段として、師が弟子に与える問題を何というか。

公案（こうあん）

★★★★
7 □□□
源 頼家（みなもとのよりいえ）の援助で栄西が創建した寺を何というか。

建仁寺（けんにんじ）

★★★★★
8 □□□
禅宗が鎮護国家（ちんごこっか）の使命をもつことを説いて、鎌倉幕府に献上された栄西の著作は何か。

『興禅護国論』（こうぜんごこくろん）

★★★★
9 □□□
茶の栽培法や医学的効能を記した、栄西の著作は何か。

『喫茶養生記』（きっさようじょうき）

★★★★★
10 □□□
比叡山（ひえいざん）で密教（みっきょう）・顕教（けんぎょう）を学んだが満足できず、栄西の門に入ったのち宋に渡り、師から行住坐臥（ぎょうじゅうざが）のすべてが仏法であることを教えられて帰国し、新しい宗派を開いた鎌倉時代の僧侶は誰か。

道元（どうげん）

★★★★★
11 □□□
ひたすらな坐禅がそのまま悟りの境地であることを説く道元の宗派を何というか。

曹洞宗（そうとうしゅう）

★★★★
12 □□□
道元が教えを受けた宋の禅僧は誰か。

如浄（にょじょう）

★★★★★
13 □□□
末法思想の否定や自力坐禅について書かれ、禅体験にもとづく世界と人生に関する深い洞察が展開される、道元の著作は何か。

『正法眼蔵』（しょうぼうげんぞう）

★★★★★
14 □□□
旧仏教の圧迫や教団拡大にともない、道元が越前吉祥山（えちぜんきっしょうざん）に開いた寺を何というか。

永平寺（えいへいじ）

★★★★★
15 □□□
焼香（しょうこう）や礼拝や念仏などの行為を排して、ただひたすら坐禅をおこなうことを何というか。

只管打坐（しかんたざ）

★★★★★
16 □□□
坐禅によって身体も精神も執着を離れ、仏と一体化して自由と安らぎの境地に入ることを何というか。

身心脱落（しんじんだつらく）

★★★★★

17
□□□ 仏道すなわち坐禅をおこなうことは、心身における自分へのこだわりを捨て去ることだという、道元の言葉は何か。

「自己をならふ(う)というは、自己をわするるなり」

★★★★★

18
□□□ 坐禅は悟りへの手段ではなく、坐禅がそのまま悟りであるという、道元の基本的立場を何というか。

修証一等(修証一如)

★★☆☆☆

19
□□□ 弟子懐奘が記した道元の語録は何か。

『正法眼蔵随聞記』

■日蓮

★★★★★

1
□□□ 鎌倉・比叡山・奈良をめぐって諸宗・諸学を学んだあと、法華経こそ仏の真実の言葉を伝えるものと確信し、新しい宗派を開いた鎌倉時代の僧侶は誰か。

日蓮

★★★★★

2
□□□ 法華経こそ仏教の神髄とする、日蓮の開いた宗派を何というか。

日蓮宗(法華宗)

★★★★★

3
□□□ 大乗の慈悲と一乗思想が展開されている、正式には『妙法蓮華経』と呼ばれる経典は何か。

『法華経』

★★★★★

4
□□□ 法華経による正しい仏法の興隆を説いて他宗をきびしく排斥し、国難の到来を予言して鎌倉幕府に献上された日蓮の著作は何か。

『立正安国論』

★★★☆☆

5
□□□ 法華経受難の意味を問いかけ、布教への確信を取り戻す契機となった、「われ日本の柱とならん、われ日本の眼目とならん、われ日本の大船とならん」の言葉で知られる日蓮の著作は何か。

『開目抄』

★★★★☆

6
□□□ 久遠の昔に悟りを開き、以後、人々に教えを説き続けているとされる仏のことを何というか。

久遠実成の仏

★★★★★

7
□□□ 「法華経に帰依する」という意味の言葉は何か。

「南無妙法蓮華経」

★★★★★

8
□□□ 仏教の真理が集約されている「南無妙法蓮華経」という7文字を何というか。

題目

★★★★★

9
□□□ 「南無妙法蓮華経」の7文字をとなえることを何というか。

唱題

★★★★★

10
□□□ 法華経を広め実践する人のことで、日蓮その人を指す言葉を何というか。

法華経の行者

★★★★☆ **11** □□□	仏教が遭遇する迫害や災難を何というか。	法難
★★★★☆ **12** □□□	日蓮が他宗を排斥するために語った4つの言葉を総称して何というか。	四箇格言
★★★★★ **13** □□□	**四箇格言**における、浄土宗・禅宗・真言宗・律宗への非難の言葉は、それぞれ何というか。	念仏無間・禅天魔・真言亡国・律国賊
★★★★☆ **14** □□□	高弁ともいい、法然の専修念仏を批判し、華厳宗再興に尽力した鎌倉初期の僧侶は誰か。	明恵
★★★★☆ **15** □□□	廃れかけていた戒律の復興に尽力するとともに、西大寺を再興した鎌倉中期の**真言律宗**の僧侶は誰か。	叡尊
★★★☆☆ **16** □□□	**叡尊**の弟子で、病人やハンセン病患者や被差別民の救済に尽力した真言律宗の僧侶は誰か。	忍性

| 第3章 | 日本近世の思想 |

❶ 日本の儒学

用語集 p.246〜252

■日本朱子学

★★★★★
1
□□□ 「聖賢の教えにこそ道はある」と考えて僧籍を離れ、儒教に転じて徳川家康に朱子学を講じた人物は誰か。 — 藤原惺窩

★★★★★
2
□□□ 藤原惺窩に始まる朱子学の一派を何というか。 — 京学

★★★★★
3
□□□ 藤原惺窩に師事して儒学を学び、その推挙で徳川家康に仕え、幕藩体制の思想的基盤を確立した人物は誰か。 — 林羅山

★★★★★
4
□□□ 江戸時代の身分制の理論的正当性を説いた、林羅山の著作は何か。 — 『春鑑抄』

★★★★★
5
□□□ 智・仁・勇の三徳の重要性を説いた、林羅山の著作は何か。 — 『三徳抄』

★★★★★
6
□□□ 自己の内なる私利・私欲をつつしみ、天理に従おうとする心を何というか。 — 敬

★★★★★
7
□□□ 朱子の居敬窮理にならい、つねに心に私利・私欲をつつしむ敬をもつことを何というか。 — 存心持敬

★★★★☆
8
□□□ 湯島に建てられ、のちに幕府直轄の昌平坂学問所となった学問所を何というか。 — 聖堂学問所

★★★★★
9
□□□ 天地に上下があるように、人間にも上下の秩序があるという林羅山の思想を何というか。 — 上下定分の理

★★☆☆☆
10
□□□ 幕府の教育機関では朱子学だけを教えることを命じた、松平定信の発した命令を何というか。 — 寛政異学の禁

★★★★★
11
□□□ 松永尺五に師事したあと幕府の儒官となり、木門十哲といわれるすぐれた人材を生み出した人物は誰か。 — 木下順庵

★★★★★
12
□□□ 木下順庵に朱子学を学び、徳川家宣の侍講として「正徳の政治」をおこなった儒学者は誰か。 — 新井白石

★★★★☆
13
□□□ 新井白石がイタリア人シドッチの尋問で得た知識をもとに書いた西洋紹介書は何か。 — 『西洋紀聞』

★★★★★ **14** □□□	木下順庵の門下生で、対馬藩に仕えて朝鮮語・中国語に通じ、通訳として活躍した儒学者は誰か。	雨森芳洲
★★★★★ **15** □□□	木下順庵の門下生で、聖堂学問所で教鞭をとるとともに徳川吉宗の享保の改革を補佐した儒学者は誰か。	室鳩巣
★★★★★ **16** □□□	周防大内氏に仕え、のち土佐に渡り朱子学を講じたとされるが、実在が疑問視されている儒学者は誰か。	南村梅軒
★★★★★ **17** □□□	南村梅軒に始まるとされる朱子学派を何というか。	南学
★★★★☆ **18** □□□	南村梅軒に学び、土佐南学の祖とされる人物は誰か。	谷時中
★★★★★ **19** □□□	自己の解釈をいれない純粋な朱子学を説くとともに、朱子学と神道との融合をはかった儒学者・神道家は誰か。	山崎闇斎
★★★★☆ **20** □□□	山崎闇斎の弟子であったが、浅見絅斎とともに師が神道に傾くことを批判した人物は誰か。	佐藤直方
★★★★★ **21** □□□	実証主義的な研究によってのちに洋学を受容していく素地をつくった、江戸中期の儒学者は誰か。	貝原益軒
★★★★☆ **22** □□□	貝原益軒が著した薬学書は何か。	『大和本草』
★★★☆☆ **23** □□□	貝原益軒が実体験にもとづいて書いた健康法の指南書は何か。	『養生訓』

■日本陽明学

★★★★★ **1** □□□	儒学を学ぶなかで『孝経』に深い意味を見出し、朱子学の形式性を批判して知行合一を説き、陽明学へと傾斜していった、近江聖人と呼ばれた儒学者は誰か。	中江藤樹
★★★★★ **2** □□□	師と弟子との問答という形式を借りて、学問・道徳などについて語った中江藤樹の主著は何か。	『翁問答』
★★★☆☆ **3** □□□	中江藤樹が近在の人々のために開いた塾を何というか。	藤樹書院
★★★★☆ **4** □□□	孔子が仁の核心と考えた徳目で、中江藤樹がたんなる孝養ではなく、万物の存在根拠であり宇宙をつらぬく理法でもあると考えた徳目を何というか。	孝
★★★☆☆ **5** □□□	孝の内容で、まごころをもって人と親しみ、上を敬い下	愛敬

をあなどらないことを何というか。

★★★★★
6 □□□ 孝の実践に際して考慮されなければならない、時期・場所・相手の身分のことを何というか。 | 時・処・位

★★★★★
7 □□□ 中江藤樹がすべての人にそなわっていると考えた、善悪を判断する能力を何というか。 | 良知

★★★☆☆
8 □□□ 知ることは行為のもとであり、行為は知ることの完成であるとする、中江藤樹の思想を何というか。 | 知行合一

★★★★★
9 □□□ 中江藤樹に学んで時・処・位の大切さを学び、のち岡山藩に仕えて治山治水の重要性を説いた儒学者は誰か。 | 熊沢蕃山

★★☆☆☆
10 □□□ 天保の飢饉に際し、民衆の窮状をみるに忍びず、幕府に対して兵をあげた大坂町奉行所の元与力は誰か。 | 大塩平八郎

■古学派

★★★★★
1 □□□ 朱子学や陽明学などの解釈を排し、孔孟の原典に帰ろうという学問的立場を何というか。 | 古学

★★★★★
2 □□□ 朱子学の観念性を批判して孔孟の原典に帰ることを提唱するとともに、武士に倫理的自覚と高潔な人格形成の必要性を説いた、江戸初期の儒学者は誰か。 | 山鹿素行

★★★☆☆
3 □□□ 後世の儒学者の解釈を退け、古代の聖人に帰るべきだとして、朱子学を批判した山鹿素行の著作は何か。 | 『聖教要録』

★★★★★
4 □□□ 安定した幕府の政治を受けて、農工商の上に立つ統治階級としての倫理的自覚と責任を求めて、山鹿素行によって説かれた武士の道を何というか。 | 士道

★★★★★
5 □□□ 主君に対する忠誠と支配者としての人格的徳性を求める、鎌倉時代以来の戦士としての道を何というか。 | 武士道

★★★★★
6 □□□ 「武士道といふ(う)は死ぬことと見つけたり」という言葉で知られる武士の修養書は何か。 | 『葉隠』

★★★★★
7 □□□ 『葉隠』を著した佐賀藩の武士は誰か。 | 山本常朝

★★★★★
8 □□□ 朱子学や陽明学に満足せず、『論語』を最高の書物と確信し、その意味するところを探究した江戸時代中期の儒学 | 伊藤仁斎

者は誰か。

★★★★★ 9 □□□	『論語』『孟子』の原典を熟読し、その本来的意義(古義)を明らかにしようとする伊藤仁斎の学問を何というか。	古義学
★★★★★ 10 □□□	『論語』と『孟子』のなかの概念について解説した、伊藤仁斎の著作は何か。	『語孟字義』
★★★★★ 11 □□□	童子の問いに師が答えるという形式で、伊藤仁斎の思想がまとめられている書物は何か。	『童子問』
★★★★★ 12 □□□	京都堀川にあった伊藤仁斎の学塾を何というか。	古義堂
★★★★★ 13 □□□	伊藤仁斎の長男で古義学を大成した人物は誰か。	伊藤東涯
★★★★★ 14 □□□	伊藤仁斎の説いた孔子の教えの核心で、人と人の関係の根本を何というか。	仁・愛
★★★★★ 15 □□□	道とは朱子学のいうような観念的な理ではなく、身近な人と人との関係の道であることを示す伊藤仁斎の言葉は何か。	人倫日用の道
★★★★★ 16 □□□	仁愛の根底にあって、自他に偽りをもたない、古代の清明心に通じる純粋な心を何というか。	誠
★★★★★ 17 □□□	私心がなく、嘘や偽りのないことを何というか。	真実無偽
★★★★☆ 18 □□□	孔子が重視した、自分に対して誠実であることと、他者に信頼されることを意味する徳目を何というか。	忠信
★★★★★ 19 □□□	古の道を孔子以前の聖賢の道に求め、古学の流れをさらに徹底した江戸中期の儒学者は誰か。	荻生徂徠
★★★★★ 20 □□□	孔子・孟子以前の中国聖賢の書物を原文で読んで理解しようとする荻生徂徠の学問を何というか。	古文辞学
★★★★★ 21 □□□	古典解釈の方法と天下安泰の政策を論じた荻生徂徠の主著は何か。	『弁道』
★★★★☆ 22 □□□	儒教概念の古今の相違を論じた荻生徂徠の著作は何か。	『弁名』
★★★☆☆ 23 □□□	徳川吉宗の諮問に答え、礼楽制度などの政策を論じた荻生徂徠の著作は何か。	『政談』

★★★★★		
24 □□□	自然の道や道徳的な道ではなく、中国古代の聖賢が説いた為政の道のことを何というか。	先王の道
★★★★★		
25 □□□	古代の聖賢が求めた、天下の民に平安をもたらす道のことを何というか。	安天下の道
★★★★★		
26 □□□	聖人・賢者が求めた具体的な方策で、世をおさめ民の生活を救うことを意味する言葉を何というか。	経世済民
★★★★★		
27 □□□	経世済民のさらに具体的な政策・制度で、規範と音楽による教化、および刑罰と法令とによる民心の安定をはかることを総称して何というか。	礼楽刑政
★★★★☆		
28 □□□	荻生徂徠がその行為を公儀を乱すと批判した、赤穂の浪士たちが主君の仇討ちをおこなった事件を何というか。	赤穂浪士の討ち入り（赤穂事件）
★★★★★		
29 □□□	荻生徂徠に学び、『易経』を重んじて陰陽によって万事を解釈しようとした儒学者は誰か。	太宰春台

❷ 国学と神道　　　　用語集 p.253〜255

■国学

★★★★★		
1 □□□	古学の影響を受けて、中国の古典に道を求めるのではなく、日本の古典のなかに道を求めるべきだとして、『古事記』や『万葉集』などの研究を中心とした学問がおこったが、この学問を何というか。	国学
★★★☆☆		
2 □□□	自然で素直な感情を尊ぶ、日本古来の精神の道を何というか。	古道
★★★★★		
3 □□□	徳川光圀の依頼を受けて、『万葉集』の研究をおこない、国学の先駆けとなった学者は誰か。	契沖
★★★★★		
4 □□□	徳川光圀の依頼によって契沖が書き下ろした『万葉集』全巻の注釈書は何か。	『万葉代匠記』
★★★★★		
5 □□□	契沖の万葉学と伊藤仁斎の古義学を学び、日本古典の本格的研究を始め、古代学の先駆けとなった人物は誰か。	荷田春満
★★★★★		
6 □□□	荷田春満に師事し、儒教・仏教の影響を受ける以前の日本の精神を求め、本居宣長に影響をおよぼした国学者は	賀茂真淵

誰か。

★★★★★ **7** ☐☐☐	儒仏の影響を受けない純粋な日本の精神について考察した、賀茂真淵の古道探究の書は何か。	『国意考』 <small>こく い こう</small>
★★★★★ **8** ☐☐☐	賀茂真淵が考えた、古代日本人がもっていた素朴で大らかな精神のあり方を何というか。	高く直き心
★★★★★ **9** ☐☐☐	高く直き心が言葉や行為としてあらわれたもので、賀茂真淵が『万葉集』の心と考えた精神のあり方を何というか。	ますらをぶり
★★★★☆ **10** ☐☐☐	本居宣長が重視した、繊細な女性らしい言葉や行為を示す言葉で、『古今和歌集』の心とされた精神のあり方を何というか。	たをやめぶり
★★★★★ **11** ☐☐☐	伊勢松阪の医師であったが、医業のかたわら研究し続けた古典を通して賀茂真淵と出あい、古道論および日本文芸論にまでおよぶ国学の大成者となった国学者は誰か。	本居宣長
★★★★★ **12** ☐☐☐	本居宣長の代表作である『古事記』の注釈書は何か。	『古事記伝』
★★★★★ **13** ☐☐☐	『源氏物語』の研究を通して「もののあはれ」論を展開した、本居宣長の文芸論は何か。	『源氏物語玉の小櫛』 <small>たま お ぐし</small>
★★★★★ **14** ☐☐☐	古典研究で得た副産物的な知識をまとめた、本居宣長の随筆集は何か。	『玉勝間』 <small>たまかつ ま</small>
★★★★★ **15** ☐☐☐	儒教や仏教などの理論や理屈によって説かれた思想や、その影響を受けた心のあり方を何というか。	漢意 <small>からごころ</small>
★★★★★ **16** ☐☐☐	「よくもあしくも生まれたるままの心」とされる、形式や理屈といった人為的なあり方を否定した、自然でおおらかな日本古来の心を何というか。	真心 <small>まごころ</small>
★★★★★ **17** ☐☐☐	素直な心が外界の事物に触れて生じる、しみじみとした感動の心を何というか。	もののあは（わ）れ
★★★★★ **18** ☐☐☐	聖人・賢者によってつくられた道ではなく、神によってつくられたとされる日本古来の道を何というか。	惟神の道 <small>かんながら</small>
★★★★★ **19** ☐☐☐	本居宣長の求めた惟神の道をアマテラス大神の道ととらえ、さらに「皇国の意」を明らかにする道と考えて、独自の神道を生みだした江戸後期の国学者は誰か。	平田篤胤 <small>ひら た あつたね</small>

★★☆☆☆
20
□□□
賀茂真淵に六国史を学び、その後、『群書類従』を編纂した江戸後期の国学者は誰か。

塙保己一

■神道

★★★★★
1
□□□
儒教や仏教が流入する以前からあった土着の神信仰と、それにもとづく信仰実践および習俗などをあわせた、日本固有の民族信仰を何というか。

神道

★★★☆☆
2
□□□
神を本地、仏を垂迹とする説を何というか。

反本地垂迹説

★★★★★
3
□□□
鎌倉時代の伊勢神宮外宮の禰宜度会行忠が、アマテラス大神信仰を陰陽五行説などを援用して説き、その後度会家行によって大成された神道を何というか。

伊勢神道

★★★☆☆
4
□□□
室町時代の吉田神社の神官吉田兼倶が、仏教・儒教・道教などの信仰や教説を取り込んでつくりだした神道を何というか。

吉田神道(唯一神道)

★★★★★
5
□□□
山崎闇斎が創始した神道で、儒教と神道を合一した儒家神道を何というか。

垂加神道

★★★★★
6
□□□
平田篤胤が本居宣長の思想を継承しながら、古神道の再興をはかるなかで生みだされた神道を何というか。

復古神道

❸ 民衆の思想

用語集 p.256〜260

■町人の思想

★★★★★
1
□□□
独学で儒教・仏教・神道を学び、それらを基礎に庶民とくに商人の生活道徳を説いた、江戸中期の丹波出身の思想家は誰か。

石田梅岩

★★★★★
2
□□□
「心をつくして性を知るとき、すなわち天を知る」という孟子の言葉を思想の基礎とし、「神・儒・仏、打って一丸」とする石田梅岩独自の庶民道徳を何というか。

心学(石門心学)

★★★★★
3
□□□
講義中の問答をまとめて本としたもので、町人道徳を平易に説いた、石田梅岩の中心思想が述べられている書物は何か。

『都鄙問答』

★★★★★ 4 □□□	『都鄙問答』で語られている、商業的利益は武士の俸禄^{ほうろく}と同じであるという言葉は何か。	「商人の買利^{ばいり}は士の禄^{ろく}に同じ」
★★★☆☆ 5 □□□	相手も満足がいき自分も納得がいく、という商売上の精神を示す石田梅岩の言葉は何か。	「先も立ち、我も立つ」
★★★★★ 6 □□□	ものを活かし人を生かす道として、石田梅岩によって説かれた商人の道の2つの徳目は何というか。	正直^{せいちょく}・倹約
★★★☆☆ 7 □□□	封建^{ほうけん}的枠組みのなかで、各人がみずからの社会的立場に安んじ不足をいわないことを指す生活態度を何というか。	知足安分^{ちそくあんぶん}
★★☆☆☆ 8 □□□	石田梅岩の教えを実生活に即した町人の生き方の心得として広めていった、江戸中期の心学者は誰か。	手島堵庵^{てじまとあん}
★★★★★ 9 □□□	『町人嚢^{ちょうにんぶくろ}』によって人間の平等と町人生活の意義を説いた、江戸時代の天文・暦^{れき}学者は誰か。	西川如見^{にしかわじょけん}
★★★★★ 10 □□□	『好色一代男^{こうしょくいちだいおとこ}』や『世間胸算用^{せけんむねざんよう}』などによって、町人の様々な世界を描いた、大坂の浮世草子^{うきよぞうし}作家は誰か。	井原西鶴^{いはらさいかく}
★★★★★ 11 □□□	『曽根崎心中^{そねざきしんじゅう}』や『心中天網島^{しんじゅうてんのあみじま}』などによって、義理と人情の相克に苦しむ人間を描いた、江戸中期の人形浄瑠璃^{にんぎょうじょうるり}・歌舞伎^{かぶき}の戯作者^{げさくしゃ}は誰か。	近松門左衛門^{ちかまつもんざえもん}
★★★★★ 12 □□□	日本固有の公的かつ外面的な人間関係における行動規範と、私的かつ内面的な人間関係における心情をそれぞれ何というか。	義理・人情
★★★★★ 13 □□□	大坂の商人たちの出資で建てられた町人の教育機関を何というか。	懐徳堂^{かいとくどう}
★★★★★ 14 □□□	懐徳堂で学び、儒仏の教えは歴史的に成立してきたものだとする加上^{かじょう}説や、大乗仏教は釈迦^{しゃか}の教えではないという大乗非仏説論をとなえた町人出身の学者は誰か。	富永仲基^{とみながなかもと}
★★★★★ 15 □□□	懐徳堂で学び、幕府の財政を需給^{じゅきゅう}関係で論じたり、地動説による宇宙観などを説いたりした町人出身の学者は誰か。	山片蟠桃^{やまがたばんとう}
★★★★★ 16 □□□	山片蟠桃が説いた、霊魂の存在を否定する考えを何というか。	無鬼論^{むきろん}

■農民の思想

★★★★★
1
□□□
農本主義の立場から封建的身分制度を批判した、江戸中期の八戸(青森県)の医師は誰か。

安藤昌益

★★★★★
2
□□□
人間の営為は自然の営みとともにあるとき真に道にかなうもので、すべての人間が万物を育む自然の道とともに歩むべきだと論じた、安藤昌益の主著は何か。

『自然真営道』

★☆☆☆☆
3
□□□
男と女、天と地というように、2つの異質なものが相互に対等で不可欠な関係にあることを、安藤昌益は何と呼んだか。

互性

★★★★☆
4
□□□
自然の営みに参画すべく、すべての人がみずから耕して自給自足することを何というか。

万人直耕

★★★★☆
5
□□□
農民以外の士工商階級のように、みずから耕すことなく農民の労働に寄生している人々のことを何というか。

不耕貪食の徒

★★★★★
6
□□□
不耕貪食の士工商階級が農民に寄生する、差別と搾取の人為的な社会を何というか。

法世

★★★★★
7
□□□
すべての人が直接農耕に励み、みずからのものはみずからで生みだす、平等で搾取のない理想の社会を何というか。

自然世

★★☆☆☆
8
□□□
安藤昌益を紹介した明治時代の哲学者は誰か。

狩野享吉

★★☆☆☆
9
□□□
1950年に、カナダ人ノーマンが安藤昌益のことを日本に紹介した著作は何か。

『忘れられた思想家』

★★★★★
10
□□□
貧困のなかから自家を再興し、以後、農法改良や農村再生に尽力した、江戸末期の農政家は誰か。

二宮尊徳

★★★★★
11
□□□
農耕が成り立つのは、自然の営みという道と、人間の努力と工夫という道によるとした、二宮尊徳のいう2つの道をそれぞれ何というか。

天道・人道

★★★★★
12
□□□
自分の生活が安泰なのは、天地自然とともに自分を取り巻く人々の徳のおかげであるのだから、その徳に報いなければならないという二宮尊徳の思想を何というか。

報徳思想

★★★★★
13
□□□
報徳思想の具体的実践で、現在の自分の経済力に応じた

分度

生活をしようとすることを何というか。

★★★★★
14
□□□ 報徳思想の具体的実践で、勤勉と倹約によって生活にゆとりができたなら、その余財を人々に貸し与えたり、将来のために貯めておいたりすることを何というか。 | 推譲^{すいじょう}

★★☆☆☆
15
□□□ 農業こそがすべての生業の根本であるという、二宮尊徳の言葉は何か。 | 「農は万業^{ばんぎょう}の大本^{たいほん}である」

★★★★★
16
□□□ 武士の身分を捨てて出家し、みずからの職業に専心することが仏行^{ぶつぎょう}であるという「職分仏行説」を説いた、江戸初期の禅僧は誰か。 | 鈴木正三^{すずきしょうさん}

★★★☆☆
17
□□□ 日常生活がそのまま仏教の教えの実践^{じっせん}の場であるという、鈴木正三の思想を何というか。 | 世法即仏法^{せほうそくぶっぽう}

★★★☆☆
18
□□□ 仏教の実践と職業倫理を説いた鈴木正三の著作は何か。 | 『万民徳用^{ばんみんとくよう}』

❹ 洋学と幕末の思想　　　　　　　用語集 p.260〜264

■洋学

★★★☆☆
1
□□□ スペイン出身のイエズス会の宣教師で、日本にはじめてキリスト教を伝えた人物は誰か。 | フランシスコ＝ザビエル

★★★★★
2
□□□ 豊臣秀吉から江戸幕府に至るまでおこなわれた、キリスト教徒に対する弾圧を何というか。 | キリシタン弾圧

★★★★★
3
□□□ 鎖国下の江戸時代に、西欧諸国で唯一国交のあったオランダの言語を通して学ばれた学問を何というか。 | 蘭学^{らんがく}

★★★★★
4
□□□ 蘭学を先駆^{さき}けとして、その後に流入したイギリス・フランス・ドイツなどの学問を総称して何というか。 | 洋学

★★★★★
5
□□□ 日本の伝統的精神を基礎に、西欧の科学・技術を受容していこうとする姿勢を何というか。 | 和魂洋才^{わこんようさい}

★★★★☆
6
□□□ 通訳を通してオランダ語を学び、蘭学発展の契機となるとともに、享保^{きょうほう}の飢饉^{ききん}に際してはサツマイモの栽培で民衆を救おうとした江戸中期の蘭学者は誰か。 | 青木昆陽^{あおきこんよう}

★★★★★
7
□□□ オランダ語で書かれたドイツの医学書『ターヘル・アナトミア』の日本語訳を何というか。 | 『解体新書』

★★★★★

8
□□□

青木昆陽にオランダ語を学び、日本初の医学書翻訳を成し遂げた、中津藩(大分県)の蘭学医は誰か。

前野良沢

★★★★★

9
□□□

若狭藩(福井県)の医師の家に生まれ、江戸小塚原の刑場で死者を解剖して西欧医学書の優秀さを知り、日本初の医学書翻訳を果たした蘭学医は誰か。

杉田玄白

★★★★

10
□□□

杉田玄白が医学書翻訳の苦労話をつづった回想録は何か。

『蘭学事始』

★★★★

11
□□□

自然には法則が備わっているとする、一種の自然哲学を説いた豊後(大分県)の思想家は誰か。

三浦梅園

★★★★

12
□□□

自然のなかの法則を探究する学問を、三浦梅園は何と呼んだか。

条理学

★★★☆☆

13
□□□

岡山から大坂に出て医学を学び、医業のかたわら蘭学を学ぶ者のための私塾を開き、幕末から維新にかけて多くの逸材を育てた蘭学医・教育者は誰か。

緒方洪庵

★★★☆☆

14
□□□

大坂瓦町に緒方洪庵が建てた蘭学塾を何というか。

適塾

★★★★☆

15
□□□

オランダ商館に勤務したドイツ人医師で、長崎に鳴滝塾を開き、多くの日本人蘭学者・洋学者を育てた人物は誰か。

シーボルト

★★★★★

16
□□□

天保の飢饉に際して、その対策を論じる有志によって設立され、その後西洋の新知識の交換の場となった結社を何というか。

尚歯会(蛮社)

★★★★★

17
□□□

幕府の鎖国政策を批判したという理由で、尚歯会の人々が逮捕・投獄された事件を何というか。

蛮社の獄

★★★★★

18
□□□

洋学を困窮救済をめざす学と考え、教育・産業の振興に尽力したが、蛮社の獄で捕らわれ自刃した、田原藩(愛知県)の洋学者は誰か。

渡辺崋山

★★★★

19
□□□

外国事情を説きつつ、モリソン号事件の無謀を論じた渡辺崋山の著作は何か。

『慎機論』

★★★★★

20
□□□

洋学を通して封建体制の矛盾を批判し、蛮社の獄で捕らわれた水沢(岩手県)の洋学者は誰か。

高野長英

★★★☆☆

21
□□□

モリソン号事件の無謀を、夢のなかの知識人による議論

『戊戌夢物語』

❹ 洋学と幕末の思想 | 129

として描いた<u>高野長英</u>の著作は何か。

■幕末の諸思想

★★★★★ **1** □□□	『<u>大日本史</u>』編纂に端を発し、幕末の尊王攘夷論につながる、水戸藩を中心に形成された大義名分論と天皇中心の国体論を核とした学風を何というか。	水戸学
★★☆☆☆ **2** □□□	水戸に弘道館を建て、尊王思想の重要な思想家として活躍した、<u>水戸学</u>の中心人物は誰か。	藤田東湖
★★★★★ **3** □□□	儒学および神道の理論を援用しながら尊王攘夷思想を構築し、幕末の勤王の志士たちに影響を与えた、<u>藤田東湖</u>と並ぶ水戸学の中心人物は誰か。	会沢正志斎
★★★★★ **4** □□□	天皇を日本の最高権力者であると考え、その権威を尊ぶとともに、それをおびやかす外国勢力を排除しようとする理論を何というか。	尊王攘夷論
★★☆☆☆ **5** □□□	朱子学の影響を受けて、天皇を最高権力者とする君臣の上下関係の正しさを主張する、水戸学によって樹立された理論を何というか。	大義名分論
★★★★★ **6** □□□	清朝がアヘン戦争に敗れたことに衝撃を受け、西洋の科学技術の摂取を説くとともに、開国論や公武合体などの理論も展開した幕末の洋学者は誰か。	佐久間象山
★★★★★ **7** □□□	精神や道徳においては東洋がすぐれ、科学技術においては西洋がすぐれている、という<u>佐久間象山</u>の言葉は何か。	「東洋道徳、西洋芸術」
★★★★★ **8** □□□	佐久間象山との出あいによって時代と学問への眼を開き、一藩をこえた活動をするとともに、ペリー来航に乗じて密航をくわだてたが、のち安政の大獄で獄死した尊王思想家は誰か。	吉田松陰
★★★★☆ **9** □□□	吉田松陰が尊んだ、私欲を離れた純粋な心を何というか。	誠
★★★★☆ **10** □□□	<u>高杉晋作</u>や<u>伊藤博文</u>や<u>山県有朋</u>らを輩出した吉田松陰の塾を何というか。	松下村塾
★★★★★ **11** □□□	ただ一人の君主である天皇に対し、幕藩体制の枠をこえてすべての民衆が忠をつくすべきだとする吉田松陰の思想を何というか。	一君万民論

★★★☆☆

12
□□□ 主として井伊直弼の専制に反対する人物に対しておこなわれた政治的弾圧を何というか。

安政の大獄

★★★★★

13
□□□ 儒学と洋学の長短を理解したうえで開国論をとなえ、維新政府の富国強兵・殖産興業政策に貢献した熊本藩士は誰か。

横井小楠

★★★★☆

14
□□□ 世界の大義のために、東洋の思想を身につけ、西洋の技術を修得することを勧めた横井小楠の言葉は何か。

「堯舜孔子の道を明らかにし、西洋器械の術を尽くす」

★★★☆☆

15
□□□ 苦学して洋学を学び、佐久間象山や横井小楠らとまじわり、西洋兵学を講じた幕臣は誰か。

勝海舟

★★★☆☆

16
□□□ 勝海舟に学んで西洋文化に眼を開くとともに、統一国家建設を求めて薩長同盟の成立に尽力し、暗殺された元土佐藩士は誰か。

坂本龍馬

国際社会に生きる日本人としての自覚

第4章 日本の近代思想

❶ 近代思想の形成

用語集 p.265〜275

■文明開化と啓蒙運動

★★★★☆ 1 □□□	旧来の風習を改め、西洋文明の積極的な導入をはかろうとする明治初期の風潮を何というか。	文明開化
★★★★☆ 2 □□□	伝統的権威や迷信・因習・偏見などを合理的な思索によって打破しようとする思想家たちを何というか。	啓蒙思想家
★★★★★ 3 □□□	明治6(1873)年、講演や出版による民衆に対する啓蒙活動を目的に設立された結社を何というか。	明六社
★★★★★ 4 □□□	**明六社**が発行していた雑誌は何か。	『明六雑誌』
★★★★★ 5 □□□	明六社の発起人で、『妻妾論』で契約による一夫一婦制を論じるとともに、初代文部大臣として国家主義的教育を説いた人物は誰か。	森有礼
★★★★★ 6 □□□	明六社の一員で、西洋思想の紹介、とくに**哲学**の移植と翻訳に貢献した人物は誰か。	西周
★★★★★ 7 □□□	明六社の一員で、J. S. ミルの翻訳などをおこなった明治初期の人物は誰か。	中村正直
★★★★☆ 8 □□□	**中村正直**による、J. S. ミルの『自由論』の翻訳書は何か。	『自由之理』
★★★☆☆ 9 □□□	中村正直による、西欧の立志談を描いたスマイルズの『自助論』の翻訳書は何か。	『西国立志編』
★★★★☆ 10 □□□	明六社の一員で、天賦人権論を掲げて啓蒙活動に活躍したが、のち国家主義に転じて自由民権運動に反対した人物は誰か。	加藤弘之
★★☆☆☆ 11 □□□	明六社の一員で、コントの影響を受けて啓蒙活動をおこなった人物は誰か。	津田真道
★★★★★ 12 □□□	イギリス功利主義にもとづき、科学技術の重要性および個人と国家の独立の大切さを説いた、中津藩(大分県)出身の啓蒙思想家は誰か。	福沢諭吉

★★★★★ **13** □□□	人間は生まれながらにして平等だが、学問によって差がつくことを語った<u>福沢諭吉</u>の代表作は何か。	『学問のすゝめ』
★★★☆☆ **14** □□□	みずから視察した西欧文化を紹介した福沢諭吉の著作は何か。	『西洋事情』
★★★★★ **15** □□□	日本の独立を確立するためには、西洋近代文明を摂取すべきと論じた、福沢諭吉の著作は何か。	『文明論之概略』
★★★★☆ **16** □□□	福沢諭吉が江戸に建てた蘭学塾を何というか。	慶應義塾
★★★★★ **17** □□□	自由や平等などは、すべての人間に生まれながらに備わった権利であるとする思想を何というか。	天賦人権論
★★★★★ **18** □□□	福沢諭吉が『学問のすゝめ』のなかで、<u>天賦人権論</u>について表現した言葉は何か。	「天は人の上に人を造らず、人の下に人を造らずと云へり」
★★★☆☆ **19** □□□	能力があっても家柄によってそれが発揮できない憤懣を表現した福沢諭吉の言葉は何か。	「門閥制度は親の敵でござる」
★★★★☆ **20** □□□	何ものにも依存することなく、人間としての誇りをもって生きようとする精神を何というか。	独立自尊
★★★★☆ **21** □□□	<u>独立自尊</u>の精神が国の独立の基礎であることを表明した福沢諭吉の言葉は何か。	「一身独立して一国独立す」
★★★★★ **22** □□□	日本の伝統的な詩歌管弦の学に対して、日常生活に有用な実証的学問のことを何というか。	実学
★★★☆☆ **23** □□□	<u>実学</u>の重要性を語った福沢諭吉の言葉は何か。	「人間普通日用に近き実学」
★★★☆☆ **24** □□□	国家・政府の権力である国権と、民衆の権利である民権を調和させようとする考えを何というか。	官民調和
★★★★★ **25** □□□	福沢諭吉が創刊した『時事新報』でとなえられた、アジア的文明を野蛮なものとみなし、西欧的近代国家への脱皮をめざそうとする主張を何というか。	脱亜論(脱亜入欧)

■自由民権思想

★★★★☆ **1** □□□	明治時代前半、天賦人権論にもとづいて国会開設や藩閥政府打倒などの政治改革を要求して展開された運動を何というか。	自由民権運動
★★★★★ **2** □□□	フランスのルソーの影響を受けて、<u>自由民権運動</u>を理論的に支援した土佐藩出身の啓蒙思想家は誰か。	中江兆民
★★★★★ **3** □□□	<u>中江兆民</u>がルソーの『社会契約論』の主要な部分を漢訳した著作は何か。	『民約訳解』
★★★★★ **4** □□□	『民約訳解』の刊行によって中江兆民は、何と称されたか。	「東洋のルソー」
★★★★★ **5** □□□	民主主義的洋学紳士と侵略主義的豪傑君と現実主義的南海先生の3人が、日本の近代化について論じる中江兆民の著作は何か。	『三酔人経綸問答』
★★★★☆ **6** □□□	ガンのため1年半の命と宣告された中江兆民が、日本の政治・社会から芸術に至るまでの思いをつづった著作は何か。	『一年有半』
★★★★★ **7** □□□	支配者によって恩恵的に与えられた権利を中江兆民は何と呼んだか。	恩賜的民権
★★★★★ **8** □□□	革命によって人民が支配者から奪い取った権利を中江兆民は何と呼んだか。	恢復(回復)的民権
★★★★★ **9** □□□	板垣退助の演説を聞いて自由民権思想にめざめ、国権は民権のためにあると考え、自由民権運動の理論的指導者となった人物は誰か。	植木枝盛
★☆☆☆☆ **10** □□□	ロックの抵抗権の考えを取り入れた、<u>植木枝盛の私擬憲法</u>を何というか。	『東洋大日本国国憲按』

■キリスト教の受容

★★★★★ **1** □□□	クラークの影響が残る札幌農学校でクリスチャンとなり、イエスと日本への愛に生涯をかけた思想家は誰か。	内村鑑三
★★★★★ **2** □□□	英語で書かれた<u>内村鑑三</u>の自伝的な信仰告白書は何か。	『余は如何にして基督信徒となりし乎』

★★★☆☆ 3 ☐☐☐	西郷隆盛や上杉鷹山など、日本を代表する5人の人物を海外に紹介しようとした、内村鑑三の著作は何か。	『代表的日本人』
★★★★★ 4 ☐☐☐	日本のキリスト教を武士道との関係で語った内村鑑三の言葉は何か。	「武士道(の上)に接木されたるキリスト教」
★★★★★ 5 ☐☐☐	内村鑑三が生涯愛すると誓った「日本」と「イエス」は、その頭文字をとって何というか。	二つのJ
★★★★★ 6 ☐☐☐	ルターの影響のもとに、人間は神の前に立つ独立した人格であり、信仰のよりどころは聖書にあるのであって、教会や儀式にはないとする内村鑑三の主張を何というか。	無教会主義
★★★★★ 7 ☐☐☐	内村鑑三は一高の教員時代、教育勅語奉読式に際して、天皇の「御真影」に対する態度が不敬だとして退職させられたが、この事件を何というか。	不敬事件
★★★★★ 8 ☐☐☐	日露戦争開戦に際して、内村鑑三や安部磯雄らが展開した反戦の主張を何というか。	非戦論
★★★☆☆ 9 ☐☐☐	内村鑑三が『戦争廃止論』のなかで語った、戦争を罪と断じた言葉は何か。	「戦争は人を殺すことである。そうして人を殺すことは大罪悪である」
★★★★★ 10 ☐☐☐	札幌農学校でクラークの影響を受け、「太平洋の懸け橋」とならんとしてアメリカ留学をし、キリスト教的人格主義にもとづく教育に尽力するとともに、国際連盟の事務次長もつとめた思想家は誰か。	新渡戸稲造
★★★★★ 11 ☐☐☐	新渡戸稲造が日本的精神を世界の人々に紹介するため、英文で書いた著作は何か。	『武士道』
★★★★★ 12 ☐☐☐	聖書を読んで感動し、単身アメリカに渡って神学を学び、帰国後、同志社英学校を設立してキリスト教精神にもとづく教育をめざした人物は誰か。	新島襄
★★★★★ 13 ☐☐☐	信仰の自由と教会の自立のために尽力した、明治・大正・昭和期の日本プロテスタント教会の指導者は誰か。	植村正久

■国粋主義と伝統思想の展開

★★★★☆ **1** ☐☐☐	明治政府の祭政一致の方針から、神仏習合を廃して神社を寺院から独立させた命令を何というか。	神仏分離令
★★★★☆ **2** ☐☐☐	神仏分離令を機に全国で巻きおこった、寺院や仏像の破壊行為を何というか。	廃仏毀釈
★☆☆☆☆ **3** ☐☐☐	国家神道と区別された、金光教・天理教・黒住教などの宗教としての神道を何というか。	教派神道
★★★★☆ **4** ☐☐☐	欧米の制度や生活様式を積極的に取り入れようとした明治政府の政策を何というか。	欧化主義(欧化政策)
★★★★★ **5** ☐☐☐	雑誌『国民之友』によって政府の欧化政策を非難し、民衆の力による近代化を主張したが、のち国家主義へと転じていった思想家は誰か。	徳富蘇峰
★★★★★ **6** ☐☐☐	明治政府の上からの欧化政策に対して、徳富蘇峰がとなえた、民衆による下からの近代化を何というか。	平民主義
★★★★☆ **7** ☐☐☐	自国の歴史や文化や政治などの卓越性を主張し、その純粋性と高揚をはかろうとする国家主義の一形態を何というか。	国粋主義
★★★☆☆ **8** ☐☐☐	フェノロサと出あって日本美術に関心をいだき、新しい日本画の創造を訴えて東京美術学校設立に尽力するとともに、『茶の本』や『東洋の理想』などの著書を通して、アジアの思想や美術はもとは1つであったとして「アジアは一つ」ととなえた人物は誰か。	岡倉天心
★★★★★ **9** ☐☐☐	政府の欧化政策を激しく非難するとともに、儒教思想を基礎に西洋思想を取り入れた皇室中心の道徳を説いて、国粋主義の先駆けとなった思想家は誰か。	西村茂樹
★★★★★ **10** ☐☐☐	儒教道徳を、西洋思想を取り入れて再建することを説いた西村茂樹の主著は何か。	『日本道徳論』
★★★☆☆ **11** ☐☐☐	国民道徳の必要性を説いて教育勅語の注釈をおこなうなど、一貫して天皇制国家主義を奉じた明治期の代表的哲学者は誰か。	井上哲次郎
★★★★★ **12** ☐☐☐	1890(明治23)年に発布された、皇室の尊厳と忠孝の重要	教育勅語

性を根幹として、国民道徳・国民教育の基本原理を示した勅語は何というか。

★★★★★
13
□□□ 東大在学中にフェノロサの影響で日本文化に関心を向け、西欧文化の一面的な模倣を非難し、政教社を結成して、国粋の保存をめざした人物は誰か。

三宅雪嶺

★★★★★
14
□□□ 西欧文明を十分理解したうえで、国粋の保存をはかるべきだとする立場に立って、政教社の一員となり、『日本風景論』を著した人物は誰か。

志賀重昂

★★★★★
15
□□□ 明治政府の欧化政策を批判し、国粋を保存することをめざして三宅雪嶺や志賀重昂らが発刊した雑誌は何か。

『日本人』

★★★★★
16
□□□ 欧化主義や民権思想に危険性を感じ、伝統的共同体の再編を願って新聞を発刊した国粋主義的ジャーナリストは誰か。

陸羯南

★★★★★
17
□□□ 陸羯南が発刊した、日本に国民精神を取り戻すべく、国民主義を掲げた新聞は何か。

『日本』

★★★★★
18
□□□ 国家の価値や利益を、個人の価値や自由やその他の権利より優先させる思想を何というか。

国家主義(ナショナリズム)

★★★★★
19
□□□ 国内的には個人の権利の抑圧、対外的には露骨な排外・侵略を特色とする政治思想を何というか。

超国家主義

★★★★★
20
□□□ 社会主義と日蓮から影響を受け、辛亥革命にも参加するなかで、天皇と民衆とを直結する国家の改造を説き、二・二六事件に影響を与えた国家主義者は誰か。

北一輝

★★★★★
21
□□□ 天皇と国民とを直接結びつける新たな国家主義を提唱した、北一輝の著作は何か。

『日本改造法案大綱』

❷ 近代思想の展開

用語集 p.275〜292

■民本主義と人間解放の思想

★★★★★
1
□□□ 第一次世界大戦前後の日本に生まれた、自由主義的・民主主義的な思想潮流を何というか。

大正デモクラシー

★★★★★
2
□□□ 日本の国情に沿った民主主義について論じ、憲政擁護と普通選挙の実施を訴えた政治学者は誰か。

吉野作造

★★★★☆ **3** ☐☐☐	大正デモクラシーの風潮を代表する<u>吉野作造</u>の論文は何か。	「憲政の本義を説いて其の有終の美を済すの途を論ず」
★★★★★ **4** ☐☐☐	天皇主権を認めつつ、政治の実際面で「国家の基本活動は政治上人民に在るべし」と説いた吉野作造の思想を何というか。	民本主義
★★★★☆ **5** ☐☐☐	天皇主権説に対して独自の学説を展開し、吉野作造とともに大正デモクラシーの指導者とみなされた憲法学者は誰か。	美濃部達吉
★★★★☆ **6** ☐☐☐	統治権は法人としての国家にあり、天皇はその最高機関であるとする<u>美濃部達吉</u>の説を何というか。	天皇機関説
★★★☆☆ **7** ☐☐☐	大正デモクラシーの風潮を背景に本格化した、<u>被差別部落</u>の解放を求める運動を何というか。	部落解放運動
★★★★★ **8** ☐☐☐	1922年、被差別部落の解放のために結成された、被差別部落民自身の組織を何というか。	全国水平社
★★★★★ **9** ☐☐☐	<u>「人の世に熱あれ、人間に光あれ」</u>という言葉で結ばれた、<u>全国水平社</u>結成に際して発せられた宣言を何というか。	水平社宣言
★★★★★ **10** ☐☐☐	<u>水平社宣言</u>の起草者となった人物は誰か。	西光万吉
★★★☆☆ **11** ☐☐☐	自由民権運動のなかで民権尊重とともに男女の平等も説き、横浜にあるフェリス英和女学校の教師もつとめた<u>女性(婦人)解放運動家</u>は誰か。	岸田俊子
★★★★★ **12** ☐☐☐	自由民権運動に参加するとともに、岡山女子親睦会を結成して女性の地位向上に尽力し、朝鮮改革運動にも関与した婦人運動家は誰か。	福田(景山)英子
★★★★★ **13** ☐☐☐	<u>市川房枝</u>らとともに<u>新婦人協会</u>を設立し、<u>女性(婦人)参政権</u>の獲得運動などに取り組んだ大正・昭和期の代表的婦人運動家は誰か。	平塚らいてう
★★★★★ **14** ☐☐☐	<u>封建</u>道徳に対する婦人自身の自覚と社会的地位の向上を訴えた、文学者団体の機関誌は何か。	『青鞜』

★★★★★
15
□□□ 『青鞜』に掲げられた、女性の地位を象徴する言葉は何か。 | 「元始、女性は実に太陽であった」

★★★★★
16
□□□ 自己の官能や感情を大胆に表現し、それによって人間性の解放をはばむ封建道徳に抵抗するとともに、平塚らいてうと母性をめぐる論争を展開したロマン主義の歌人は誰か。 | 与謝野晶子

★★★☆☆
17
□□□ 母性をめぐって争われた、平塚らいてうの国家による福祉政策重視の考えと、経済的・精神的自立を説く<u>与謝野晶子</u>の論争を何というか。 | 母性保護論争

★★☆☆☆
18
□□□ <u>古河</u>経営の足尾銅山精錬所から排出された鉱毒によって、渡良瀬川流域の住民が多大の被害を受け、内村鑑三をはじめとする多くの人道主義者たちが非難した公害事件を何というか。 | 足尾銅山鉱毒事件

★★☆☆☆
19
□□□ <u>足尾銅山鉱毒事件</u>で先頭に立って反対運動を展開し、天皇直訴までおこなった、栃木県選出の国会議員は誰か。 | 田中正造

■日本の社会主義

★★★★★
1
□□□ キリスト教社会主義者として伝道と労働運動に活躍するとともに、日本初の社会主義政党を発足させた社会主義者は誰か。 | 片山潜

★★★★★
2
□□□ 1901年、日本初の社会主義政党として誕生したが、2日後に解散を命じられた政党は何というか。 | 社会民主党

★★★★★
3
□□□ 片山潜らと<u>社会民主党</u>結成に参加し、日露戦争では非戦論を展開した経済学者・社会主義者は誰か。 | 安部磯雄

★★★☆☆
4
□□□ 足尾銅山鉱毒事件などに関わり、安部磯雄らと社会民主党結成にも参加したキリスト教社会主義者は誰か。 | 木下尚江

★★★★★
5
□□□ <u>中江兆民</u>の影響で自由民権運動に参加し、のち社会主義に転じて軍国主義を激しく非難したが、無政府主義に傾き、天皇暗殺を計画したとして処刑された人物は誰か。 | 幸徳秋水

★★☆☆☆
6
□□□ 「万朝報」を退社した<u>幸徳秋水</u>が、堺利彦とともにつくった社会主義結社を何というか。 | 平民社

★★★★★ **7** ☐☐☐	<u>平民社</u>が発刊した新聞は何か。	『平民新聞』
★★★★☆ **8** ☐☐☐	社会主義のめざすべき方向とその実現のための方法を論じた、幸徳秋水の著作は何か。	『社会主義神髄』
★★☆☆☆ **9** ☐☐☐	「愛国心を 経 とし、軍国主義を 緯 とする」日本の外交政策を批判した、幸徳秋水の著作は何か。	『廿世紀之怪物帝国主義』
★★★★★ **10** ☐☐☐	1910年、無政府主義者や社会主義者たちが、明治天皇暗殺を計画したとして処刑された事件を何というか。	大逆事件
★★★☆☆ **11** ☐☐☐	日露戦争に反対して「万朝報」を辞して非戦論を展開し、日本共産党結成にも関わった社会主義者は誰か。	堺利彦
★★☆☆☆ **12** ☐☐☐	どのような権威や権力をも認めない立場で、とくに国家権力を否定する思想を何というか。	無政府主義（アナーキズム）
★★☆☆☆ **13** ☐☐☐	日本の代表的な無政府主義者で、関東大震災に際して憲兵隊の甘粕正彦大尉に殺害された人物は誰か。	大杉栄
★★★★★ **14** ☐☐☐	貧困の問題を人道主義的・社会改良主義的立場から検討した、マルクス主義経済学者は誰か。	河上肇
★★★★★ **15** ☐☐☐	資本主義の根底に貧困をみて、その克服のための独自の道徳論を展開した、<u>河上肇</u>の著作は何か。	『貧乏物語』

■近代的自我の形成と文学

★★★★★ **1** ☐☐☐	明治初期の啓蒙運動がうながした近代市民としての自覚は、かけがえのない個としての自己を求める文学の潮流となったが、この潮流のめざした自己意識は何か。	近代的自我
★★★★★ **2** ☐☐☐	18世紀末から19世紀初頭のヨーロッパの運動を受けて、明治中期頃に生まれた自我や個性を重んじようとする文学・芸術運動を何というか。	ロマン（浪漫）主義
★★★★★ **3** ☐☐☐	自由民権運動に挫折したあと、『文学界』に参加して文学的・内面的な世界に自我の実現と自由を求めようとした人物は誰か。	北村透谷
★★★★★ **4** ☐☐☐	利害得失で動く現実の実世界に対し、信仰と愛とに満ちた精神の世界を、<u>北村透谷</u>は何と呼んだか。	「想世界」

★★★☆☆
5
□□□
自己を自己たらしめている内面をみつめようとする意欲のことを、北村透谷は何と呼んだか。

内部生命

★★★☆☆
6
□□□
内部生命の存在を主張した、北村透谷の文芸評論集は何か。

『内部生命論』

★★★☆☆
7
□□□
『文学界』に並ぶロマン主義運動の中心となった、与謝野鉄幹が主宰した文学誌は何か。

『明星』

★★★★★
8
□□□
日露戦争のさなかに、与謝野晶子が弟の無事を祈ってうたった歌の一節は何か。

「君死にたまふこと勿れ」

★★★★★
9
□□□
与謝野鉄幹との恋愛体験を基盤に、封建的風潮に抵抗するような官能的な表現と自我の解放をうたった、与謝野晶子の第一歌集は何か。

『みだれ髪』

★★★★☆
10
□□□
19世紀末のフランス文学の影響を受けて、自己の内面をみつめて赤裸々な人間の姿を描こうとした、明治後半の文学潮流を何というか。

自然主義

★★★★☆
11
□□□
北村透谷と『文学界』を創刊し、処女詩集『若菜集』を出したが、のち『破戒』によって自然主義へと傾斜していった作家は誰か。

島崎藤村

★★★★☆
12
□□□
貧困のなかから『一握の砂』『悲しき玩具』などの歌集を発表するかたわら、社会主義へと向かっていった詩人は誰か。

石川啄木

★★★☆☆
13
□□□
大逆事件に衝撃を受けた石川啄木が、社会主義に傾斜していくなかで書いた評論は何か。

『時代閉塞の現状』

★★★☆☆
14
□□□
フランス自然主義の影響を受け、『蒲団』など個人の私生活を描いた小説家は誰か。

田山花袋

★★★☆☆
15
□□□
『武蔵野』などで自然描写に新境地を開くとともに、貧しい人々の生活を描く作品も著した作家は誰か。

国木田独歩

★★★★★
16
□□□
イギリス文学の研究のかたわら、明治以降の近代化を他律的なものと批判し、内面の凝視によって自我の確立を説いた明治の文豪は誰か。

夏目漱石

★★★★★
17
□□□
真に日本が近代国家として出発するためには、倫理的な

『私の個人主義』

個人主義の確立が必要だと説いた、夏目漱石の講演記録は何か。

★★★★☆
18
□□□
明治維新は外から強制された開化であり、みずからの内からの開化ではないと、日本文化の脆弱さを批判した夏目漱石の著作は何か。

『現代日本の開化』

★★★★★
19
□□□
主人公の「先生」の心理を通して、人間のエゴイズムの問題を追求した夏目漱石の小説は何か。

『こゝろ』

★★★★★
20
□□□
人間のエゴイズムを克明（こくめい）に描いた、夏目漱石の未完の小説は何か。

『明暗』（めいあん）

★★★★☆
21
□□□
自国の内部からおのずと生じてきた文明の開化を夏目漱石は何と呼んだか。

内発的開化

★★★★☆
22
□□□
外国の圧力によってやむなく開化させられた、日本の開化を夏目漱石は何と呼んだか。

外発的開化

★★★★★
23
□□□
他者に依存するのでもなく、自己のためだけに謀（はか）るのでもなく、他者の生き方を尊重しながら自己の生き方をつらぬく姿勢を夏目漱石は何と呼んだか。

自己本位

★★☆☆☆
24
□□□
他者の思惑や意見に左右されて、自分をもてないでいるあり方を夏目漱石は何と呼んだか。

他人本位

★★★★☆
25
□□□
小さな自我へのとらわれを離れ、大いなる自然に従って生きようとする、夏目漱石晩年の境地とされている言葉は何か。

則天去私（そくてんきょし）

★★★★★
26
□□□
軍医としての激務のかたわら筆をとり、理想と現実のはざまで苦悩する自我を描き続けた明治の文豪は誰か。

森鷗外（もりおうがい）

★★★★★
27
□□□
留学中のドイツ人女性との恋愛体験を通して、時代のなかで苦悩する青年の葛藤（かっとう）を描いた森鷗外の代表作は何か。

『舞姫』（まいひめ）

★★☆☆☆
28
□□□
殉死（じゅんし）と武士の意地をめぐる一族の争いを描いた、森鷗外の歴史小説は何か。

『阿部一族』

★★☆☆☆
29
□□□
弟を死なせた罪人と護送役の役人とのあいだにかわされた安楽死をめぐる対話を主題とした、森鷗外の小説は何か。

『高瀬舟』（たかせぶね）

★★★★★
30
□□□ 時代と社会のなかで避けることのできない自己の運命は、冷静に受け止めていかなければならないとする森鷗外の人生に対する態度は何というか。

諦念（レジグナチオン）

★★☆☆☆
31
□□□ カントやトルストイの影響を受け、人格主義を提唱するとともに、人生論風の『三太郎の日記』によって多くの青年に影響を与えた思想家は誰か。

阿部次郎

★★★☆☆
32
□□□ トルストイの影響を受けて、人道主義的・理想主義的立場から、人間の善意・個性などを楽天的かつ求道的に描いた文学集団を何というか。

白樺派

★★★★★
33
□□□ トルストイの影響を強く受け、理想主義的同人雑誌『白樺』を発刊するとともに、文学活動と自給自足の村落共同体を建設して自己実現をはかろうとした作家は誰か。

武者小路実篤

★★★★☆
34
□□□ 武者小路実篤が建設した自給自足的村落共同体の名称を何というか。

新しき村

★★★☆☆
35
□□□ 『白樺』の創刊に参加し、『或る女』『カインの末裔』などの社会主義的人道主義の立場から作品を発表した作家は誰か。

有島武郎

★★★☆☆
36
□□□ 『白樺』の創刊に参加し、『暗夜行路』によってみずからの運命に苦悩する主人公の自我の遍歴を描いた、大正文壇の巨匠は誰か。

志賀直哉

★★★★★
37
□□□ 貧しい東北の農村の現実をみつめながら、農業技術者・法華経信仰の信者・童話作家として、それぞれの分野で力をつくした作家は誰か。

宮沢賢治

★★★★☆
38
□□□ 宮沢賢治が『農民芸術概論綱要』につづった、世界と個人の幸福の関係を示す言葉は何か。

「世界がぜんたい幸福にならないうちは個人の幸福はあり得ない」

★★☆☆☆
39
□□□ 銀河を走る鉄道を旅する主人公に仮託して、生と死や自己犠牲の問題などをつづった、宮沢賢治の代表作は何か。

『銀河鉄道の夜』

■日本の伝統に根ざした思想

★★★★★ 1 □□□	西洋哲学の自我の問題を、東洋思想とくに禅の体験にもとづいて基礎づけようとした、日本の独創的な哲学者は誰か。	西田幾多郎
★★★★★ 2 □□□	真実の自己の確立は、人格の根底にある主観と客観とを合一させる力によると説いた、西田幾多郎の哲学の根幹をなす主著は何か。	『善の研究』
★★★★ 3 □□□	主客を合一する力である人格を実現し、自己を完成させることを、西田幾多郎は何と呼んだか。	善
★★★★ 4 □□□	直観と反省の根源に、無意識に働く能動的自己・絶対自由意志があり、そこから自覚の働きが生まれると説いた、西田幾多郎の著作は何か。	『自覚における直観と反省』
★★★★★ 5 □□□	すぐれた音楽に聴き入っているとき、音楽のなかに没入してしまうような直接的で純粋な経験を何というか。	純粋経験
★★★☆☆ 6 □□□	純粋経験をしているときのように、認識する側の主観と認識の対象である客観とが分離する以前の状態を何というか。	主客未分
★★★☆☆ 7 □□□	いっさいの存在物の根拠・根源であり、相対的な有無をこえた「無」を何というか。	絶対無
★★★☆☆ 8 □□□	多なるものと1つの世界が相互に矛盾的に対立しつつ同一であることを、西田幾多郎は何と呼んだか。	絶対矛盾的自己同一
★★★☆☆ 9 □□□	西田幾多郎の学友であり、禅と浄土思想とを結びつけた独自の思想を展開するとともに、日本文化と禅の思想を世界に紹介した仏教哲学者は誰か。	鈴木大拙
★★☆☆☆ 10 □□□	江戸時代の美意識を分析した、『いきの構造』で知られる哲学者は誰か。	九鬼周造
★★★★★ 11 □□□	西洋近代哲学の個人主義的倫理学を批判し、人間相互の関係性に注目して、個人と社会とを統一する人間のあり方を求めた倫理学者は誰か。	和辻哲郎
★★★★ 12 □□□	倫理学を人と人との間柄に関する学とし、その体系化を試みた和辻哲郎の著作は何か。	『人間の学としての倫理学』

★★★★☆ 13 □□□	人間存在を気候や土壌や植生などとの関係で論じた和辻哲郎の著作は何か。	『風土』
★★★★★ 14 □□□	人間は孤立した存在ではなく、親子・兄弟・夫婦などといった関係性においてあるという、人間のあり方を何というか。	間柄的存在
★★☆☆☆ 15 □□□	個人と社会とを弁証法的な統一性においてとらえようとする和辻哲郎の考えを示す、著書『倫理学』のなかの言葉は何か。	「人間とは「世の中」であるとともにその世の中における「人」である」
★★★★★ 16 □□□	民間伝承や民間信仰あるいは生活文化の研究を通して、伝統文化を探究しようという学問を何というか。	民俗学
★★★★★ 17 □□□	粘菌類の研究のほか該博な知識によって生物学にもすぐれた功績を残し、のちの民俗学研究にも大きな影響を与えた、和歌山県出身の学者は誰か。	南方熊楠
★★★★☆ 18 □□□	南方熊楠が神社に付随する鎮守の森の破壊は、聖域を汚し生態系を損ねるとして反対した、明治末期の神社の統合令を何というか。	神社合祀令
★★★★★ 19 □□□	名もない人々の生活や伝承・習俗・信仰などの研究を通して、日本民族のアイデンティティを探究した日本民俗学の先駆者は誰か。	柳田国男
★★★★★ 20 □□□	岩手県遠野地方の民家や里にまつわる民間伝承を集めた、柳田国男の著作は何か。	『遠野物語』
★★★★★ 21 □□□	死者の霊は一定期間祀られたのち、先祖の霊と融合し祖霊となると説いた、祖霊崇拝に関する柳田国男の著作は何か。	『先祖の話』
★★★★★ 22 □□□	日本民族の基盤を探るという柳田国男の学問的立場を、本居宣長の国学に比して何というか。	新国学
★★★★★ 23 □□□	民間伝承の担い手となってきた、名もなき人々のことを民俗学では何というか。	常民
★★★★★ 24 □□□	日本文学・古典芸能を民俗学的観点から研究するとともに、その成果を作歌にも取り入れて独自の歌風を確立し	折口信夫

た、国文学者・歌人・民俗学者は誰か。

★★★★★
25 折目・節目に海の彼方（かなた）から来訪してくる神のことで、転じて久しく音信のなかった訪問客をも意味するようになった言葉は何か。 | まれびと

★★★★☆
26 折口信夫が**まれびと**がそこからやって来る国ととらえた、日本神話で海の彼方にあるとされている国を何というか。 | 常世国（とこよのくに）

★★★★★
27 バーナード＝リーチの影響を受けて、民衆の用いる生活道具に独自の美を認め、その発掘と再評価の運動を展開した宗教学者は誰か。 | 柳宗悦（やなぎむねよし）

★★★★★
28 一般の民衆が使う家具調度（ちょうど）・衣服・食器などの民衆的工芸品を何というか。 | 民芸（みんげい）

★★★★☆
29 一般の民衆が使う民衆的工芸品に美を見出し、活用していこうとする運動を何というか。 | 民芸運動

■現代日本の思想

★★★☆☆
1 敗戦と混乱のなかで旧来の権威や価値が崩壊していくなか、「堕ちよ（お）」と叫び、自己の本来的姿である孤独に立ち戻って、自分を直視することをすすめた作家は誰か。 | 坂口安吾（さかぐちあんご）

★★★★☆
2 「生きよ、堕ちよ」と叫んで、自己の原点をみつめることを提唱した**坂口安吾**の著作は何か。 | 『堕落論』（だらくろん）

★★★★☆
3 文学や哲学や芸術と向きあうことで、それぞれの作品の根底にある生命を批評活動を通して再創造することをめざした批評家は誰か。 | 小林秀雄（こばやしひでお）

★★★★☆
4 人々のあいだに流布（るふ）している理論や批評は、表層的な意匠（いしょう）(趣向・デザイン)にすぎないと批判した、**小林秀雄**の著作は何か。 | 『様々なる意匠』

★★★★☆
5 つねなるものを見失った現代人は、無常（むじょう）ということを真に理解していないと論じた、小林秀雄の著作は何か。 | 『無常といふ事』

★★★☆☆
6 フランス滞在中にヨーロッパ文化の純粋性を認識し、それとの対比のうえに立って日本文化を雑種文化ととらえて独自の批評を展開した、医師・評論家は誰か。 | 加藤周一（かとうしゅういち）

★★★★★
7
□□□ 日本ファシズムの実態を「無責任の体系」と批判して、戦後一貫して民主主義の危機に対して発言し続けた政治思想家は誰か。

丸山真男

★★★★☆
8
□□□ 江戸時代の政治思想の研究によって、日本の近代化を推進した思想基盤を探ろうとした、<u>丸山真男</u>の代表的な著作は何か。

『日本政治思想史研究』

★★★★★
9
□□□ あらゆる権力や権威を批判する立場から評論をおこない、戦前の国体論も戦後の近代主義も虚像と批判し、日本の自立の根拠を大衆の生活におくべきだと説いた評論家は誰か。

吉本隆明

★★★☆☆
10
□□□ 政治・思想・芸術などを人間の心が生み出した幻想領域としてとらえ、人々は天皇や国家に対して共通の幻想をいだいており、それが彼らを戦争へとかり立てたと論じた<u>吉本隆明</u>の著作は何か。

『共同幻想論』

❶ バイオテクノロジーの発達と課題

用語集 p.294〜295

★★★★★
1
□□□ 伝統的には生命の仕組みを応用して薬剤や食物をつくりだす技術をさすが、この技術に遺伝子工学なども加えた学問を何というか。

バイオテクノロジー（生命工学）

★★★☆☆
2
□□□ 遺伝子が原因の病気に対し、健康な遺伝子情報をもった細胞を注入することによって、病気の治癒をはかろうとする治療を何というか。

遺伝子治療

★★★★★
3
□□□ 細胞核の染色体を構成する、遺伝情報が記録された二重らせん状の塩基の鎖を何というか。

DNA（デオキシリボ核酸）

★★★★☆
4
□□□ 生物の生存に必要な全遺伝情報を備えた、一組の DNA の全体を何というか。

ゲノム

★★★★★
5
□□□ 人間の<u>ゲノム</u>を構成する DNA の塩基配列が読み説かれたことを何というか。

ヒトゲノムの解読（ヒトゲノムの解析）

★★★☆☆
6
□□□ DNA の塩基配列を組み換えることで、意図した特性をもった細胞あるいは生物を生みだす技術を何というか。

遺伝子組み換え

★★★★★
7
□□□ 体細胞から核を取りだし、未受精卵の核と入れかえて生みだされた、同じ遺伝子情報をもつ個体や細胞集団をつくりだす技術を何というか。

クローン技術

★★★☆☆
8
□□□ 1996年、<u>クローン技術</u>を使って世界で初めての純粋な無性生殖の動物が誕生したが、その動物を何というか。

クローン羊ドリー

★★★☆☆
9
□□□ クローン人間の作製を禁止することを目的として、2000年に公布された日本の法律を何というか。

クローン技術規制法

★★★★☆
10
□□□ あらゆる細胞や個体にまで分化することのできる細胞で、発生初期の胚を使用してつくるため、人間の場合はその使用が倫理的な問題をはらむとされている細胞を何というか。

ES 細胞（胚性幹細胞）

★★★★★
11
□□□ <u>ES 細胞</u>が受精卵を使ってつくられるのに対して、体細胞からつくられるため倫理的な問題もなく、自分の体細

iPS 細胞（人工多能性幹細胞）

胞からつくると拒否反応がおきないとされている万能細胞を何というか。

★★★★☆ 12 ☐☐☐	ES 細胞や iPS 細胞あるいはクローン技術などを用いて、皮膚（ひふ）や角膜（かくまく）などの臓器や組織の再生をおこなう医療を何というか。	再生医療

❷ 生命倫理

用語集 p.295〜301

■生命倫理学の基本問題

★★★★☆ 1 ☐☐☐	医療技術や生命科学の発達にともなって登場してきた、人間はどこまで生命に操作を加えることが許されるのか、という倫理的問題を考察する学問を何というか。	生命倫理（生命倫理学・バイオエシックス）
★★☆☆☆ 2 ☐☐☐	自分のことは自分で決定するという権利で、医療の場面における治療や投薬（とうやく）を受けるかどうかをみずからが決する権利のことを何というか。	自己決定権
★★★★★ 3 ☐☐☐	家父長的（かふちょう）・保護者的な権威にもとづいて、医療の専門家が患者の治療や投薬を一方的に決定するような態度のことを何というか。	パターナリズム
★★★★★ 4 ☐☐☐	治療や投薬などについて医師から十分な説明を受けたのち、自分の意志で治療・投薬に同意することを意味し、パターナリズムに対抗する患者側の権利を何というか。	インフォームド・コンセント
★★★★★ 5 ☐☐☐	回復不可能あるいは重症の状態にある個人が、理性的判断能力のあるうちに、どのように扱われたいかを文書に意思表示しておくことを何というか。	リヴィング・ウィル
★★★★★ 6 ☐☐☐	生きること自体を、あるいは生命そのものを尊ぶ考え方を何というか。	生命の尊厳(SOL)
★★★★★ 7 ☐☐☐	生命や生きることだけを重視するのではなく、いかに生きるかという生き方や生活の内実を重視しようとする考え方を何というか。	生命の質（生活の質・QOL）

■生命の誕生と倫理

★★★☆☆ 1 ☐☐☐	男性側に不妊（ふにん）の原因がある場合、人工的に精子を取りだし受精させる技術を何というか。	人工授精

★★★★★ **2** □□□	女性の体内から卵子を取りだし、試験管内で受精させ、一定期間培養させたのちに受精卵を子宮に戻す技術を何というか。	体外受精
★★★★☆ **3** □□□	不妊の妻にかわって、妻以外の女性(代理母)に子どもを出産してもらうことを何というか。	代理出産
★★★★★ **4** □□□	妊婦の羊水を採取するなどの方法によって、胎児の状態を出生の前に診断することを何というか。	出生前診断
★★★★★ **5** □□□	体外受精させた受精卵を検査し、染色体異常や男女の別を知るためにおこなわれる診断を何というか。	着床前診断
★☆☆☆☆ **6** □□□	遺伝子に病因があると考えられる病気の場合に、遺伝子の異常の有無を診断することを何というか。	遺伝子診断
★★★★★ **7** □□□	親が希望する特徴をもった子を誕生させようとして、受精卵に遺伝子操作をおこなって生まれた子どもを何というか。	デザイナー・ベビー
★★★☆☆ **8** □□□	ナチスの非人道行為につながった、遺伝的にすぐれた性質をもった子どもだけを残そうとする思想を何というか。	優生思想

■死をめぐる倫理

★★★☆☆ **1** □□□	現代医療で不治とされた病気におかされたとき、いたずらな延命をはからず、人間としての尊厳をもって自然に死ぬことを何というか。	尊厳死
★★★★☆ **2** □□□	不治の病で苦しんでいる患者が、苦痛から逃れるために死ぬことを望んでおり、医師もこれをやむをえないと認め、かつ倫理的にも妥当だと考えられるときに、患者を死なせることを何というか。	安楽死
★★★☆☆ **3** □□□	安楽死に関して、本人の意思にもとづき致死薬投与などにより死に導く場合と、延命治療をひかえるなどにより死に至らせる場合を、それぞれ何というか。	積極的安楽死・消極的安楽死
★☆☆☆☆ **4** □□□	脳幹が無事であった場合、外界への反応といった動物的機能はなくすが、呼吸や栄養吸収といった植物的機能だけで生きている状態を何というか。	植物状態

★★★☆☆ **5** □□□	死期の近い患者に対して、いたずらな延命治療はおこなわず、疼痛緩和(緩和ケア)と精神的なケアを中心としておこなわれる医療を何というか。	終末期医療(末期医療、ターミナル・ケア)
★★★☆☆ **6** □□□	<u>終末期医療</u>をおこなう施設のことを何というか。	ホスピス
★★★★★ **7** □□□	通常の治療では対応できなくなった場合に、他者の臓器や器官を移植することを何というか。	臓器移植
★★★★★ **8** □□□	1997年に成立し、2009年に改正された、本人に拒否の意思のない限り家族の承諾によって脳死者から臓器を摘出できるとした法律を何というか。	臓器移植法
★★★☆☆ **9** □□□	従来から人の死とされてきた、3つの徴候をそれぞれ何というか。	自然呼吸の停止・心臓の停止・瞳孔の拡散
★★★★★ **10** □□□	深い昏睡・自発的呼吸の消失・および脳幹反射の消失といった徴候を示すこと、すなわち脳全体が死んでしまうことを何というか。	脳死
★★★★★ **11** □□□	臓器移植に際し、臓器や器官を提供する人を何というか。	ドナー
★★★☆☆ **12** □□□	脳死状態になった際に、臓器や器官提供の意思のあることを明記した文書を何というか。	臓器提供意思表示カード
★★★★☆ **13** □□□	臓器移植に際して、臓器や器官の提供を受ける人を何というか。	レシピエント
★☆☆☆☆ **14** □□□	ヨーロッパで古くからいい伝えられてきた、「死を想え」というラテン語を何というか。	メメント・モリ
★★☆☆☆ **15** □□□	脳と外部機器とを接続する技術を何というか。	BMI(ブレイン・マシン・インターフェイス)
★★★★★ **16** □□□	エイズやインフルエンザなどの病原性のウイルスや細菌が引きおこす疾患を何というか。	感染症
★★★☆☆ **17** □□□	感染症の世界的規模の大流行を何というか。	パンデミック
★★★★☆ **18** □□□	2019年に中国の武漢で発生されたとされ、世界的に大流行した感染症は何というか。	新型コロナウイルス感染症(COVID-19)

第2章　**環境倫理**

❶ 地球環境の問題

用語集 p.302〜304

★☆☆☆☆
1
□□□
経済活動や産業活動によって、人間の生命や健康がそこなわれる被害を何というか。

公害

★★☆☆☆
2
□□□
従来、別個におこなわれていた日本の<u>公害</u>対策や自然環境の保全の枠をこえ、環境行政を総合的に推進していくために、1993年に成立した法律を何というか。

環境基本法

★★☆☆☆
3
□□□
熊本県の水俣（みなまた）湾周辺でおきた、メチル水銀による公害病を何というか。

水俣病

★★☆☆☆
4
□□□
熊本水俣病で苦しむ患者に寄り添う立場で、石牟礼道子（いしむれみちこ）が描いた記録文学作品は何か。

『苦海浄土』（くがいじょうど）

★☆☆☆☆
5
□□□
新潟水俣病・四日市ぜんそく・イタイイタイ病・熊本水俣病の４つの公害病患者がおこした裁判を何というか。

四大公害裁判

★★★★☆
6
□□□
人間の経済活動にともない生じた、環境破壊・環境汚染などの問題を何というか。

環境問題（地球環境問題）

★★★★☆
7
□□□
焼畑や薪炭（しんたん）の必要性、さらには木材輸出による森林伐採（ばっさい）、過放牧（かほうぼく）、灌漑（かんがい）の行き過ぎなどによって植物が育たなくなり、表土（ひょうど）が流出して荒地になっていくことを何というか。

砂漠化

★★★★☆
8
□□□
大気中に放出された硫黄（いおう）化合物や窒素（ちっそ）化合物が雨や雪や霧となってふり注ぎ、森林や作物や建造物などに甚大（じんだい）な被害を与えているが、こうした環境被害の原因となっている降水（こうすい）を何というか。

酸性雨

★★☆☆☆
9
□□□
ヘアースプレーや冷蔵庫などの冷却剤に使用されていたフロンなどによって、地上から高度10〜50km の領域の層が破壊され、ガンや白内障（はくないしょう）を引きおこす紫外線の侵入を許しているが、この環境破壊を何というか。

オゾン層の破壊

★★★★★
10
□□□
二酸化炭素やメタンガスによって、赤外線が地表から放散（ほうさん）されることが阻害され、地球の温度が上昇する現象を何というか。

地球温暖化

★★☆☆☆
11
□□□ 二酸化炭素やメタンガスなどのような、地球の温暖化をうながす物質を何というか。

温室効果ガス

★☆☆☆☆
12
□□□ ポリ袋などのプラスチック製品や歯磨き粉などに含まれる微細なプラスチック（マイクロプラスチック）などによって、海がよごれていく環境問題を何というか。

海洋汚染

★★★☆☆
13
□□□ 2011年3月11日の東日本大震災による施設損傷で周辺住民に多大の被害を与えた原発事故を何というか。

福島第一原子力発電所事故

❷ 環境倫理

用語集 p.305〜312

■環境問題への取り組み

★★★★★
1
□□□ 一定地域の土壌や水や空気といった無機的環境と、そこに生息する生き物とがつくりだす関係の総体を何というか。

生態系（エコシステム）

★★☆☆☆
2
□□□ 環境破壊が進行するなかで、環境の保護を目的として、生態系のなかの生物と環境との関係や構造を研究する学問を何というか。

生態学（エコロジー）

★★★★☆
3
□□□ 生態系のなかにおいて、食べる・食べられるという関係によって、物質とエネルギーとが循環していくことを何というか。

食物連鎖

★★★★☆
4
□□□ 地球は閉ざされた宇宙船のようなもので、地球上の人間はすべてその乗組員だと考えることで、環境問題への取り組みの必要性を訴えた、アメリカの経済学者ボールディングの言葉は何か。

「宇宙船地球号」

★☆☆☆☆
5
□□□ 1971年に締結された、水鳥の生息地として国際的に重要な湿地に関する条約を何というか。

ラムサール条約

★★★★★
6
□□□ 1972年、ストックホルムで開催された、世界初の環境問題をテーマとした国際会議を何というか。

国連人間環境会議

★★☆☆☆
7
□□□ 人間にとって宇宙のなかでたった1つの生活の場である地球を守ろうと訴えた、国連人間環境会議のスローガンを何というか。

「かけがえのない地球」

★★★★★ **8** □□□	1992年、国連人間環境会議20周年を記念して、リオデジャネイロで開かれた国際会議を何というか。	地球サミット(国連環境開発会議)
★★☆☆☆ **9** □□□	<u>地球サミット</u>で、環境と開発に関して持続可能な開発が重要であることを世界に向けて発信した、会議の合意内容をまとめた宣言を何というか。	リオ宣言
★★★★★ **10** □□□	将来の世代が社会的・経済的に不利益をこうむらないような形で、現代の世代が環境を利用していくことを意味する、地球サミットの理念を何というか。	持続可能な開発
★★☆☆☆ **11** □□□	生物の多様性を保全し、その利用にもとづく利益の公正な分配、および生物資源の持続的な利用を目的とした、1993年発効の条約を何というか。	生物多様性条約
★★★☆☆ **12** □□□	気候系に対して、危険な人為的干渉をおよぼさないような水準に、大気中の温室効果ガスの濃度を安定させることを目的として、1994年に発効した条約を何というか。	気候変動枠組条約
★★★★☆ **13** □□□	1997年、京都で開かれた<u>気候変動枠組条約</u>第3回締約国(COP 3)会議において、1990年を基準として各国別に温室効果ガスの削減を求めた条約を何というか。	京都議定書
★★☆☆☆ **14** □□□	2000年の会議で採択された、2015年までに達成すべき 8つの目標と21の達成基準を掲げた国際目標を何というか。	ミレニアム開発目標(MDGs)
★★★★★ **15** □□□	2015年の「国連持続可能な開発サミット」で採択された、2030年までに達成すべき17の目標と169の達成基準を掲げた国際目標を何というか。	持続可能な開発目標(SDGs)
★★★☆☆ **16** □□□	世界の平均気温の上昇を1.5度以内におさえるために、途上国を含むすべての条約締約国が温室効果ガスの削減に取り組むことを求めた、2015年の協定を何というか。	パリ協定
★★★☆☆ **17** □□□	使い捨てや無駄な消費をひかえて、資源を有効利用しようという社会を何というか。	循環型社会
★☆☆☆☆ **18** □□□	無駄をなくし、使えるものは使いきって、ゴミそのものの排出を減らすことを英語で何というか。	リデュース
★☆☆☆☆ **19** □□□	こわれたり捨てられたりしたものを、修理することでもう一度利用できるものにすることを英語で何というか。	リユース

★☆☆☆☆		
20 □□□	ペットボトルから化学繊維_{せんい}をつくったり、牛乳パックから再生紙をつくったりするような、一度捨てられたものを資源として利用することを何というか。	リサイクル

★★☆☆☆		
21 □□□	イギリスに生まれて世界に広まった、自然環境や歴史的遺産の保護・管理を目的とした運動を何というか。	ナショナル・トラスト運動

★★★☆☆		
22 □□□	1960年代以降の環境に関する市民運動のなかでさけばれてきた、視野は地球に向けながら実践は地域でおこなおう、という言葉は何か。	「地球規模で考え、足元から行動を」 (Think globally, Act locally)

■環境に関する倫理

★★★★☆		
1 □□□	アメリカを中心に、環境破壊の危機を背景に成立した、環境保護・環境保全のために人間に課せられる義務や責任について研究する学問を何というか。	環境倫理(環境倫理学)

★★☆☆☆		
2 □□□	有限な地球環境を保護することが、ほかの目的よりも優先されるという考えを何というか。	地球全体主義(地球有限主義)

★★☆☆☆		
3 □□□	人間だけではなく動植物を含む自然にも生存権があるという考えを何というか。	自然の生存権

★★★★★		
4 □□□	未来世代の生存権を保証するために、現代世代が環境の保護・保全につくすことは義務であるという考えを何というか。	世代間倫理

★★★★★		
5 □□□	『責任という原理』において、未来世代への現代世代の責任を説いたユダヤ系ドイツ人の哲学者は誰か。	ハンス゠ヨナス

★★★☆☆		
6 □□□	未来世代に対し、現代世代は自然破壊をとめる責任があるという、**ハンス゠ヨナス**の説く倫理を何というか。	未来倫理

★★★★☆		
7 □□□	人間と自然との関係を、支配者＝人間、被支配者＝自然ととらえず、人間は自然という共同体の一員ととらえたアメリカの環境学者は誰か。	レオポルド

★★★★☆		
8 □□□	土壌_{どじょう}や水や動植物を含めた生態系のすべてを「土地」として、その土地利用のあり方を人間中心主義から自然中心主義に転換しようとした**レオポルド**の思想を何というか。	土地倫理

★★☆☆☆ 9 □□□	共有地という限界のある土地で、構成員が協力しあうことなく利己的な行動をとると全員が不利益をこうむるという、アメリカの生物学者ハーディンのとなえた仮説を何というか。	共有地の悲劇
★★★☆☆ 10 □□□	人類は動物より優位な種であるとする種差別に反対し、動物の権利を説いたオーストラリアの学者は誰か。	ピーター゠シンガー
★★★★★ 11 □□□	農薬の乱用に警鐘をならし、環境保護への関心を高めさせたアメリカの海洋学者は誰か。	レイチェル゠カーソン
★★★★★ 12 □□□	DDT などの農薬の乱用が、食物連鎖のなかで濃縮効果をもたらし、生態系を破壊していく危険をつづったレイチェル゠カーソンの代表作は何か。	『沈黙の春』
★★☆☆☆ 13 □□□	自然は人間に利用される価値以上に内在的価値をもつと考え、手つかずの自然の保護を訴えたアメリカの思想家は誰か。	ソロー
★★☆☆☆ 14 □□□	15歳のときから、よりよい気候変動対策をスウェーデン議会に求め、以後、気候変動に関する世界的なオピニオンリーダーとなった人物は誰か。	グレタ゠トゥーンベリ
★★☆☆☆ 15 □□□	人の営みによって生態系のバランスがとれている、集落近辺の山や森林を日本では何と呼ぶか。	里山

第3章

家族と地域社会

❶ 現代の家族像

用語集 p.313

★★★☆☆
1
未婚の子どもと親、または一組の夫婦からなる家族の形態を何というか。

核家族

★☆☆☆☆
2
子どもが結婚後も親と同居する家族のうち、跡継ぎとなる子を中心とした家族を何というか。

直系家族

★☆☆☆☆
3
家族がもっていた教育の機能は学校に、病人の看病は病院にゆだねられるように、家族の本来的働きが外部の集団にゆだねられていくことを何というか。

家族機能の外部化

★★★☆☆
4
住宅事情や教育費の高騰、さらには保育施設の不足などを原因として、一家族における子どもの数が減少していくことを何というか。

少子化

★☆☆☆☆
5
1人の女性が一生のうちに産む子どもの平均数を何というか。

合計特殊出生率

★☆☆☆☆
6
教育および保育、保護者の子育て支援などを総合的におこなう施設を何というか。

認定こども園

★☆☆☆☆
7
現代社会では健康と生活に配慮した働き方が求められているが、こうした考え方を何というか。

ワーク・ライフ・バランス(仕事と生活の調和)

★☆☆☆☆
8
政府が提唱した、個々人の意思や能力や事情に応じて、多様で柔軟な働き方を選択可能にしようとする改革を何というか。

働き方改革

❷ 高齢社会と福祉

用語集 p.314～315

★★☆☆☆
1
総人口に占める65歳以上人口の割合が、14％以上〜20％未満の社会を何というか。

高齢社会

★☆☆☆☆
2
総人口に占める65歳以上人口の割合が、21％をこえた社会を何というか。

超高齢社会

★★★★★
3
原理・原則にもとづく男性的な「正義の倫理」に対して、

ケアの倫理

	介護には他者への共感や自他の相互関係を重視しなければならないとする思想を何というか。	
★★★★★ 4 □□□	道徳性の発達における男女の違いを研究し、**ケアの倫理**をとなえた心理学者は誰か。	ギリガン
★☆☆☆☆ 5 □□□	加齢にともなって心身に病気や障がいをもつ65歳以上の高齢者に、必要な医療サービスや福祉サービスを提供するための制度を何というか。	介護保険制度
★★★★★ 6 □□□	児童や老人など、生活に不安を感じている社会的弱者に対して、健康で文化的な生活が営めるように援助する政策・制度の体系のことを何というか。	福祉
★★★☆☆ 7 □□□	障がいの有無にかかわらず、だれもが人格と個性を尊重し支えあう社会を何というか。	共生社会
★★☆☆☆ 8 □□□	異なる能力や技術をもつ者が対等の立場で協力して働くことを何というか。	協働
★☆☆☆☆ 9 □□□	医療・福祉・農業・物流など、生活維持に欠かせない職業についている人々を何というか。	エッセンシャル・ワーカー
★★☆☆☆ 10 □□□	高齢者が施設や病院でなく、地域社会のなかで暮らし続けられるよう取り組まれている、地域の包括的な支援・サービス提供体制を何というか。	地域包括ケアシステム
★☆☆☆☆ 11 □□□	人と人、人と社会がつながり、一人ひとりが生きがいや役割をもち、たすけあいながら暮らしていく地域社会を何というか。	地域共生社会

❸ 男女共同参画社会　　　　　　　　　　用語集 p.315〜316

★★★★★ 1 □□□	18世紀以来、教育・雇用・選挙の権利獲得を通して女性の解放を求めた思想および運動を何というか。	フェミニズム
★★★☆☆ 2 □□□	自然的性ではなく、文化的・社会的につくられてきた「男らしさ」「女らしさ」のことを何というか。	ジェンダー
★☆☆☆☆ 3 □□□	雇用分野における男女の均等な機会および待遇の確保を促進するために、1985年に制定され、1999年に改正された法律を何というか。	男女雇用機会均等法

★★★★★
4
□□□ 女性の社会進出と高齢化の進展を受けて、従来からあった育児休業に加えて、介護のための休業をあわせて法制化し、男性にも認めた法律を何というか。

育児・介護休業法

★★★★★
5
□□□ 男女が人権を尊重し、責任を分担しあって社会に参画（さんかく）していくことを求めた1999年制定の法律を何というか。

男女共同参画社会基本法

★★★★★
6
□□□ 1994年の国連人口開発会議で提唱（ていしょう）された、生涯（しょうがい）にわたる性と生殖（せいしょく）に関して、身体的・精神的・社会的に良好な状態にあること、およびすべての人が自分が産む子どもの数や産むか産まないかなどを決定することのできる権利を何というか。

リプロダクティブ・ヘルス／ライツ

④ 地域社会の活性化　用語集 p.317

★★★★★
1
□□□ 報酬（ほうしょう）や見返りを求めず、老人会の世話や子ども会の指導などとともに、災害時には支援・救援を自発的におこなう奉仕活動を何というか。

ボランティア

★★★★★
2
□□□ 1995年 1 月17日に発生した阪神（はんしん）・淡路（あわじ）大震災のときには、従来とは異なる災害ボランティアが誕生したが、この年をとくに何と呼ぶか。

ボランティア元年（がんねん）

★★★★★
3
□□□ 2011年 3 月11日に発生した、東北地方太平洋沖で発生した大地震による災害を何というか。

東日本大震災

第4章 | 情報社会

❶ 情報社会

用語集 p.318

★★★★★ 1 □□□	「モノのインターネット」と訳され、インターネットに接続できる機器を搭載させる技術を何というか。	IoT
★★★★★ 2 □□□	乗換案内や望みの店の検索など、ある問題を解くためのコンピュータの数学的な手順・規則のことを何というか。	アルゴリズム
★★★★★ 3 □□□	内閣府が発表した、狩猟社会・農耕社会・工業社会・情報社会に続く、仮想空間と現実空間を高度に融合させて、経済発展と社会的課題の解決をめざす、人間中心の社会を何というか。	Society5.0
★★★★★ 4 □□□	情報自体が商品価値や多大な影響力をもち、人間生活を形づくっている社会を何というか。	情報社会
★★★★★ 5 □□□	人間にしかできなかった高度な知的作業や判断から、大量のデータをもとに情報を抽出して学習する**ディープラーニング(深層学習)**までをおこなう、コンピュータを使ったシステムを何というか。	人工知能(AI)
★★★★★ 6 □□□	インターネット上に蓄積され、かつ増殖を続ける膨大で多種多様なデータを何というか。	ビッグデータ

❷ インターネット

用語集 p.319〜320

★★★★★ 1 □□□	高性能で小型化したコンピュータと高速化・大容量化した通信技術があわさってもたらされた、生活や文化の脅威的な変化を何というか。	情報通信技術(ICT)革命
★★★★★ 2 □□□	現在では世界中に張りめぐらされている、多数のコンピュータを相互に結びつけたネットワークのことを何というか。	インターネット
★★★★★ 3 □□□	**インターネット**の普及によって、世界がネットワークを通して情報を共有できるようになった社会を何というか。	ネット社会
★★★★★ 4 □□□	特定の目的をもってつくられた専用のソフトウェア(ア	スマートフォン

プリ)に大きな比重をかけた、コンピュータ機能をもつ
携帯電話を何というか。

★★★★★

5
□□□
インターネットに接続したとき、ニュースや地域情報など最初にアクセスするウェブサイトのことを何というか。

| ポータルサイト |

★★★★★

6
□□□
インターネットのように、情報の授受が一方的ではなく、相互に情報の発信・受信ができることを何というか。

| 双方向性 |

★★★★★

7
□□□
通信ネットワークを用いて、政治や社会問題などに関する社会的なネットワークを構築したり、人と人との結びつきを支援したりするサービスを何というか。

| SNS(ソーシャル・ネットワーキング・サービス) |

★★★★★

8
□□□
従来のマスメディアに対して、個人間の情報交換を中心に、情報の受け手が同時に情報の発信者にもなるという、人と人との結びつきを利用したメディアを何というか。

| ソーシャルメディア |

★★★★★

9
□□□
いつでも、どこでも、誰でもが情報技術の恩恵を受けられることを何というか。

| ユビキタス |

★★★★★

10
□□□
国が発行した法定通貨を基準とする電子マネーと違い、不特定多数の利用者が相互に管理・運営するインターネット上の決済手段を何というか。

| 仮想通貨 |

★★★★★

11
□□□
ウェブサイト作成の知識を必要とせず簡単に作成できるウェブサイトのことを何というか。

| ブログ |

---

❸ 情報倫理

用語集 p.320〜322

★★★★★

1
□□□
高度情報化社会の到来にともない、公的機関とともに民間機関にも個人情報の取扱いに関する義務と責任を求めた法律を何というか。

| 個人情報保護法 |

★★★★★

2
□□□
インターネット上の犯罪の要因にもなっている、情報の発信者がだれかわからないという特性を何というか。

| 匿名性 |

★★★★★

3
□□□
匿名性を特徴とするインターネット社会において、誹謗・中傷・虚偽などによる人権侵害や知的財産権の侵害などがないよう、守られるべき倫理を何というか。

| 情報倫理 |

★★★★★

4
□□□
インターネットのもつ情報の匿名性により、きわめて侵害されやすいといわれる、個人の情報などを公開されな

| プライバシーの権利 |

い権利を何というか。

★☆☆☆☆ **5** □□□	インターネット上に残された個人情報や誹謗（ひぼう）・中傷（ちゅうしょう）が検（けん）索（さく）されないように求める、EU が新たに認めた権利を何というか。	**忘れられる権利**
★☆☆☆☆ **6** □□□	コンピュータのシステム障害をもたらしたり、個人情報を盗（ぬす）んだり、詐欺（さぎ）を働いたりするなど、おもにインターネット上でおこなわれる犯罪を総称して何というか。	**サイバー犯罪**
★★★☆☆ **7** □□□	コンピュータに被害をもたらすプログラムのことを何というか。	**コンピュータ・ウィルス**
★★★☆☆ **8** □□□	著作権や特許権や商標権など、創造的活動で生みだされた無形（むけい）の成果を保護する権利を何というか。	**知的財産権**
★★★★★ **9** □□□	真実で正確な情報をみきわめる判断能力や情報についての批判能力のことを何というか。	**情報リテラシー**
★★☆☆☆ **10** □□□	高度な知識・技術によって、情報システムやプログラムなどの解析や改造、破壊をおこなうことを何というか。	**ハッキング**
★★☆☆☆ **11** □□□	経済格差や社会的な不平等の原因となる、情報機器の所有あるいは操作能力の有無などの格差を何というか。	**デジタル・デバイド**
★★★★☆ **12** □□□	検証されることなく、あたかも事実であるかのように広まってしまう誤報を何というか。	**フェイクニュース（虚偽（きょぎ）報道）**
★★☆☆☆ **13** □□□	情報の事実性や正確性を調査し、真偽（しんぎ）の検証をおこなうことを何というか。	**ファクトチェック**
★☆☆☆☆ **14** □□□	メディアがつくりだす擬似（ぎじ）環境や世論の果たす役割について論じた、20世紀初頭のジャーナリストは誰か。	**リップマン**
★☆☆☆☆ **15** □□□	商品のあいだの差異をブランドや流行といった記号におき換えることによって、人々の消費への意欲を際限なく生みだしていく現代の消費社会の実態を描いた、フランスの社会学者は誰か。	**ボードリヤール**

第5章	**国際化と多文化共生**

用語集 p.323〜329

★★★★☆ 1 ☐☐☐	人やモノや情報が国境をこえて行き来し、人間の活動が地球規模になりつつある現代の現象を何というか。	グローバル化（グローバリゼーション）
★★★☆☆ 2 ☐☐☐	世界各地の人々がたがいにみずからの文化とは異なる文化を理解しようとすることを何というか。	異文化理解
★★☆☆☆ 3 ☐☐☐	異文化が出あったときに生じる対立や摩擦を何というか。	文化摩擦
★★★★☆ 4 ☐☐☐	自民族や自文化こそが優秀であるとして、他民族やその文化を排斥しようとする考え方を何というか。	エスノセントリズム（自民族中心主義）
★★★★★ 5 ☐☐☐	世界各地の社会や文化には、それぞれ固有の価値や意味があり、1つの価値基準で文化の良し悪しをはかることは誤りであるという考え方を何というか。	文化相対主義
★☆☆☆☆ 6 ☐☐☐	一国のなかの支配民族が、弱い立場の民族をみずからの文化に同化させようとする考え方を何というか。	同化主義
★★★★☆ 7 ☐☐☐	同化主義に対して、自国内に居住する複数の民族の言語や文化の独自性を尊重し、共存していこうとする考えあるいは政策を何というか。	多文化主義（マルチカルチュラリズム）
★★☆☆☆ 8 ☐☐☐	各宗教には、それぞれ真実の教えと信仰があると認めあう立場を何というか。	宗教多元主義
★★★★★ 9 ☐☐☐	東洋を後進的・受動的・非合理的といった画一的な負のイメージでとらえ、西洋の東洋に対する優位と支配を正当化しようとする考えを何というか。	オリエンタリズム
★★★★★ 10 ☐☐☐	無知にもとづく東洋の理解が、ヨーロッパによる植民地化を正当化したと評した、アメリカの文芸批評家は誰か。	サイード
★★☆☆☆ 11 ☐☐☐	東洋人は後進的というような、型にはまった発想や行動のことを、アメリカのリップマンは何といったか。	ステレオタイプ
★★★★☆ 12 ☐☐☐	異なる文化をもつ人々がともに生きていこうとすることを何というか。	多文化共生
★★★☆☆ 13 ☐☐☐	民族・性別・文化・価値観など、様々な違いを認めあおうとする理念を何というか。	ダイバーシティ（多様性）

★★☆☆☆ 14 ☐☐☐	各人それぞれの考え方や経験や能力などが認められて、それらが活かされていることを何というか。	インクルージョン（包摂）
★★★★☆ 15 ☐☐☐	女性同性愛者・男性同性愛者・両性愛者・心と体の性が一致しないトランスジェンダーの頭文字を組み合わせた、性的少数者のことを何というか。	LGBT
★★☆☆☆ 16 ☐☐☐	所属する国家や社会集団のなかで少数派の集団で、しばしば差別や権利侵害を受けてきた人々を何というか。	マイノリティ
★☆☆☆☆ 17 ☐☐☐	マイノリティのなかで、移民のように出身地を離れても民族意識をもち続ける集団を何というか。	エスニシティ
★★☆☆☆ 18 ☐☐☐	かつては東北地方北部からサハリン・千島列島にかけて居住していた人々で、現在はおもに北海道に居住している日本の先住民族を何というか。	アイヌ民族
★★☆☆☆ 19 ☐☐☐	アイヌ民族文化の歴史的継承と発展のために、北海道白老町に建設された民族共生象徴空間の愛称を何というか。	ウポポイ
★☆☆☆☆ 20 ☐☐☐	人種・民族・宗教・性別などにもとづいて、個人または集団を攻撃・脅迫する発言や言動を何というか。	ヘイトスピーチ
★☆☆☆☆ 21 ☐☐☐	老人と若者、障がいをもった人と健常な人など、様々な人々がともに暮らし、ともに生きる社会が普通であるとする考え方を何というか。	ノーマライゼーション
★★☆☆☆ 22 ☐☐☐	1970年に成立し2011年に改正された、障がい者の自立や社会参加の支援を目的とした法律を何というか。	障害者基本法
★★☆☆☆ 23 ☐☐☐	障がい者の人権や基本的自由を守ることを目的に結ばれた条約は何というか。	障害者権利条約
★★☆☆☆ 24 ☐☐☐	マイノリティや女性など、社会的に不利益をこうむっている人々に、教育や就職などの機会を保障する積極的改善措置のことを何というか。	アファーマティブ・アクション
★☆☆☆☆ 25 ☐☐☐	落書きや替え歌や漫画などの芸術と、日常生活との境界線上にある広大な領域にあふれでた芸術を「限界芸術」と名づけた日本の哲学者は誰か。	鶴見俊輔

第6章 **国際平和と人類の福祉**

❶ 民主主義の理念／戦争と地域紛争 用語集 p.330〜332

★★★★★ **1** □□□	国際人権規約で認められている諸権利を子どもにも認め、生きる権利・育つ権利・守られる権利・参加する権利などの承認を求めた条約を何というか。	子どもの権利条約
★★★★★ **2** □□□	戦闘員だけではなく、非戦闘員である一般市民も巻き込んで、世界規模の戦争が 2 度もおきた20世紀を、何というか。	戦争の世紀
★★★★★ **3** □□□	個人よりも国家や集団などの全体を優先し、個人は全体のために奉仕すべきだとする思想を何というか。	全体主義
★★★★★ **4** □□□	平和への願いをこめて、日本の原爆ドームと同じく世界文化遺産に登録された、ナチスによって建てられた南ポーランドにある強制収容所を何というか。	アウシュヴィッツ強制収容所
★★★★★ **5** □□□	収容所での体験から、生きることの意味の大切さを記したオーストリアの精神科医フランクルの著作は何か。	『夜と霧』
★★★★★ **6** □□□	第二次世界大戦中、ナチスがおこなったユダヤ人などに対する組織的な絶滅政策・大量殺戮を何というか。	ホロコースト
★★★★★ **7** □□□	1948年以来、イスラエルとアラブ諸国とのあいだに生じている紛争を何というか。	パレスチナ紛争
★★★★★ **8** □□□	民主主義をおびやかす国家を、アメリカは何と呼んでいるか。	テロ国家
★★★★★ **9** □□□	イラク・シリアにまたがる地域に「国家」樹立を宣言した、イスラーム教スンナ派の過激派組織を何というか。	IS(イスラーム国)
★★★★★ **10** □□□	2001年、イスラーム過激派アル・カーイダによって引きおこされた、アメリカに対するテロ攻撃を何というか。	9.11テロ(同時多発テロ)
★★★★★ **11** □□□	特定の民族や人種などを計画的に大量殺害することを何というか。	ジェノサイド

★★★☆☆ 1	核兵器廃絶やベトナム戦争反対運動など、平和のために力をつくしたイギリスの哲学者は誰か。	ラッセル
★★☆☆☆ 2	平和運動や核兵器禁止運動に力をつくした、相対性理論の提唱者でもある物理学者は誰か。	アインシュタイン
★★☆☆☆ 3	著名な哲学者と物理学者が提案し、世界的な科学者11名も参加して訴えた、核廃絶のための宣言を何というか。	ラッセル・アインシュタイン宣言
★★☆☆☆ 4	1968年に締結された、英・米・仏・中・ソ以外の国の核保有を認めない条約を何というか。	核拡散防止条約（NPT）
★★☆☆☆ 5	2017年に国連で採択された、核兵器の保有や使用などを禁止する条約を何というか。	核兵器禁止条約
★☆☆☆☆ 6	「過去に目を閉ざす者は、結局、現在にも眼を開かなくなる」と語り、ナチス時代のドイツの戦争犯罪を真摯に反省して、二度と同じ過ちをおかさない決意を示した、西ドイツ大統領ヴァイツゼッカーの演説の題名は何か。	「荒れ野の40年」
★★☆☆☆ 7	スペイン内戦時にナチス・ドイツの空軍が、スペイン北部の町を無差別攻撃したことに抗議して、ピカソが描いた作品は何か。	「ゲルニカ」
★☆☆☆☆ 8	広島市中区の平和記念公園にある、原爆被災地の象徴的建物を何というか。	原爆ドーム
★☆☆☆☆ 9	女子教育の必要性や権利についての活動をおこなっていたが、15歳のときにタリバンの銃撃で負傷し、その後17歳でノーベル平和賞を受賞した、パキスタンの女性は誰か。	マララ゠ユスフザイ

★★★★★ 1	福祉の基準はみずからの生き方を選択する自由の度あいであると考え、独自の福祉論を展開しノーベル経済学賞を受賞したインドの経済学者は誰か。	セン
★★★☆☆ 2	開発途上国の飢饉の研究から、飢饉は食料供給の不足ではなく、食料を手に入れる能力や権利を失ったためであ	『貧困と飢饉（貧困と飢餓）』

ると論じた、<u>セン</u>の主著は何か。

★★★★★ 3 □□□	センは、衣食住の確保・健康の維持・教育を受ける機会など、その人が生きるうえで必要とする事柄を<u>機能</u>と呼び、機能の集合を何と呼ぶか。	ケイパビリティ（潜在能力）
★★☆☆☆ 4 □□□	人間一人ひとりの生存・生活・尊厳を守り、各人の可能性を実現するために、保護と能力の強化を通じて個人の自立をうながす考えを何というか。	人間の安全保障
★☆☆☆☆ 5 □□□	開発途上国の産物や製品を適正な価格で購入することを通して、開発途上国の生産者や労働者の生活改善と自立をうながす貿易を何というか。	フェアトレード
★★★☆☆ 6 □□□	民族対立や宗教対立や環境の悪化などによって、自国を離れて他国に身を寄せなければならなくなった人々を何というか。	難民
★★☆☆☆ 7 □□□	1951年に設立され、日本の緒方貞子が高等弁務官となったこともある、<u>難民</u>の救済をおこなう国連の機関を何というか。	国連難民高等弁務官事務所（UNHCR）
★★★☆☆ 8 □□□	北半球の先進工業国と、南半球や低緯度地帯の開発途上国の貧富の格差がもたらす、政治・経済上の問題の総称を何というか。	南北問題
★★★★☆ 9 □□□	国家利益に拘束されず、国境をこえて様々な連携運動を展開している、営利を目的としない民間の国際協力団体のことを何というか。	NGO（非政府組織）
★★☆☆☆ 10 □□□	非政府・非利益という点で<u>NGO</u>と重なる部分は多いが、日本では福祉や環境問題に取り組んでいる非営利的な民間組織を何というか。	NPO（民間非営利組織）
★☆☆☆☆ 11 □□□	国連の専門機関である国連教育科学文化機関の目的と活動を記した憲章を何というか。	ユネスコ憲章

索引

本文中で赤字にしている用語は、ページを斜体で示しています。

172　索引

山川 一問一答倫理

2024 年 1 月　初版発行

編者	倫理用語問題研究会
発行者	野澤武史
印刷所	明和印刷株式会社
製本所	有限会社　穴口製本所
発行所	株式会社　山川出版社

〒 101-0047　東京都千代田区内神田 1-13-13
電話 03 (3293) 8131 (営業)　03 (3293) 8135 (編集)
https://www.yamakawa.co.jp/

装幀	水戸部功
本文デザイン	株式会社　ウエイド (山岸全)

ISBN978-4-634-05228-4　　　　　　　　NYZI0101